BIBLIOTEC TIANO

Una nota dominante del metodo educativo di don Luigi Giussani (1922-2005) e della sua passione perché tutti potessero fare un cammino umano è stata l'invito a leggere libri che erano stati decisivi per la sua formazione personale. Le sue indicazioni dettero origine nel 1993 alla collana *I libri dello spirito cristiano*, da lui diretta fino al 2005 e proseguita fino al 2009 sotto la direzione di don Julián Carrón, all'interno della quale questo testo è stato pubblicato per la prima volta nel 1995.

La *Biblioteca dello spirito cristiano* intende far sì che questo patrimonio di letture sia mantenuto vivo come strumento di educazione per lettori sempre nuovi. Si tratta di romanzi, saggi, testi di poesia che hanno lasciato il segno in chi li ha accostati. Perché in essi si mostra, con varia genialità e secondo diverse prospettive storiche e psicologiche, uno spirito cristiano impegnato a scoprire e verificare la ragionevolezza delle fede dentro le circostanze della vita. Una umanità, cioè, che realizza la sua passione per l'esistenza e la sua adesione al dramma della vita con un realismo e una profondità altrimenti impossibili. Dal momento in cui Dio si è fatto uomo, l'imprevedibile è diventato un avvenimento reale. Dio si è fatto compagno agli uomini, così che la vita possa non essere vana. Nell'incontro con questo fatto storico la ragione, la volontà e l'affettività umane sono provocate a realizzarsi, a compiersi secondo tutta l'ampiezza del loro desiderio di giustizia, di bontà e di felicità. *Lo spirito cristiano* è l'umanità di persone stupite e commosse da questo avvenimento.
I testi della collana fondata da don Giussani, che vengono ora riproposti nella *Biblioteca dello spirito cristiano*, ne sono una documentazione particolare, specie dove le parole scavano nei fatti e nei cuori con tutta l'energia della grande arte.

Ada Negri

Mia giovinezza

Poesie

a cura di DAVIDE RONDONI

Biblioteca Universale Rizzoli

ISBN 978-88-17-11125-6

prima edizione BUR giugno 1995
prima edizione BUR Biblioteca dello spirito cristiano luglio 2010

AVVERTIMENTO

Per leggere poesia occorre, parafrasando Chesterton, un cuore avventuroso. Non solo perché, presi come siamo dai mille e dolciastri filamenti e inganni delle comunicazioni elettronico-giornalistico-televisive, il solo mettersi innanzi a parole scritte in versi su un foglio può sembrare il riaccadere di un'avventura ormai antica, quasi un vecchio scandalo; occorre avventuroso il cuore perché un testo di poesia è un avvenimento che ci coglie senza difese o pre-comprensioni. Leggere un testo di poesia è l'esperienza che assomiglia di più all'incontro con un estraneo, o meglio uno straniero, poiché se qualcosa è infine vinta e abbattuta da un gesto poetico è proprio l'estraneità: in entrambi i casi (la poesia e lo straniero) ciò che viene messo alla prova è la nostra libertà – cioè la capacità di aderire, di accogliere un aspetto del reale che non è previsto e prevedibile.

In questo senso è, oggi, un'esperienza rivoluzionaria. Siamo così armati di schemi interpretativi, di metodologie analitiche, di precauzioni salutari che non si riesce più a «incontrare» quasi nulla o avviene che poco dopo aver incontrato qualcosa lo si riduce in un certo schema...

Incontrare un testo di poesia è come incontrare una persona.

Può essere differente per lingua, per portamento, per anzianità, per provenienza socio-politica... L'infinito lavorìo dell'interpretazione somiglia all'infinito lavorìo dell'amicizia: entrambi culminano nell'immedesimazione, che è profonda comprensione senza possesso. Per questo c'è anche bisogno di tempo.

I poeti comunicano uno sguardo. Esso può essere così organico da rivelare una visione del mondo, ma può trattarsi anche solo di una scheggia di sguardo, di una certa piega degli occhi nell'osservare qualcosa del grande panorama costituito dalla vita e dal problema umano. Dopo la lettura i nostri occhi si arricchiranno di quello sguardo. Si legge per crescere in umanità. Leggere fa parte del lavoro.

Imbattersi oggi in una poetessa come Ada Negri è un evento. L'hanno tenuta nascosta per tanto tempo. Una breve antologia come questa è il pertugio attraverso cui si possa rompere l'isolamento in cui i «maestri» del nostro secolo l'hanno ridotta. Nel breve saggio in fondo al libro si trovano elementi utili per spiegare il «perché» di questa antologia. Di certo, si trovano qui alcuni testi memorabili al pari di quelli pascoliani o montaliani che vengono insegnati in tutte le scuole.

Un grande poeta tedesco contemporaneo, G. Benn, diceva, sorprendendo molti dei suoi esegeti, che scrivendo poesie egli, dinanzi alla vita, affermava un «sì». Ada Negri è della stessa razza: è tra coloro che intendono provenire da tutta l'esistenza un grande richiamo a cui è ben ragionevole e umano rispondere con un sofferto e amante «sì».

Se arrivate nelle zone che segnarono la giovinezza di Ada Negri (le campagne di Motta Visconti e di Lodi) in uno dei tanti giorni di media nebbia, quando le cose appaiono in un orizzonte velate nel bianco o nella sera il cielo e la terra si perdono insieme, potete vedere come ogni albero immobile nel piano, ogni spiccare di corvi o di colombi, ogni figura che a piedi o in bicicletta segue il fosso o la bassa fila di case, ogni insegna di bar che emerge dalla foschia sia un «evento». In questo sentir la vita come «evento», come «avvenimento», sta la prima energia della poesia di Ada Negri. Il tragitto, vario e intenso, della sua opera è stato il lento maturare della sua risposta all'evento-richiamo della vita.

FATALITÀ
1892

SFIDA

O grasso mondo di borghesi astuti
di calcoli nudrito e di polpette,
mondo di milionari ben pasciuti
e di bimbe civette;

o mondo di clorotiche donnine
che vanno a messa per guardar l'amante,
o mondo d'adulterii e di rapine
e di speranze infrante;

e sei tu dunque, tu, mondo bugiardo,
che vuoi celarmi il sol degl'ideali,
e sei tu dunque, tu, pigmeo codardo,
che vuoi tarparmi l'ali?...

Tu strisci, io volo; tu sbadigli, io canto:
tu menti e pungi e mordi, io ti disprezzo:
dell'estro arride a me l'aurato incanto,
tu t'affondi nel lezzo.

O grasso mondo d'oche e di serpenti,
mondo vigliacco, che tu sia dannato!
Fiso lo sguardo negli astri fulgenti,
io movo incontro al fato:

sitibonda di luce, inerme e sola,
movo. — E più tu ristai, scettico e gretto,
più d'amor la fatidica parola
mi prorompe dal petto!...

Va, grasso mondo, va per l'aer perso
di prostitute e di denari in traccia:
io, con la frusta del bollente verso,
ti sferzo in su la faccia.

AFA

Il sole sta. Sta l'aura
d'atomi d'or cosparsa.
L'erma pianura immobile,
tutta di foco e polve,
nella luce si avvolve
arsa.

L'afa morta, implacabile,
pesantemente piomba.
Ne la tristezza fiammea
posa la terra stanca,
come un'immane e bianca
tomba.

... Pace. — Sognante vergine
assetata d'amore,
chino il riarso calice
sotto la vampa afosa,
un'appassita rosa
muore.

Rugiade invoca e piogge
quell'agonia pel suolo:
la dolcezza d'un bacio,
la voluttà d'un'ora,
per chi soffre e lavora
solo.

Ma tutto brucia e sfolgora,
tutto è riposo e oblio;
nell'alidor terribile,
sopra la terra ignava
solennemente grava
Dio.

TU VUOI SAPER?...

Tu vuoi saper chi io sia?... Fanciullo, senti.
In deserta prigion chiuso e dannato,
io sono augello da l'ali possenti;
e chiedo il folgorar dei firmamenti,
e qui m'agito e soffro incatenato.
        Biondo fanciullo, senti.

Io sogno nozze di silvestri fiori
ne l'ombra secolar de la foresta,
e de le belve i deliranti amori
su le sabbie del tropico; e gli ardori
del sole e il turbinar de la tempesta,
        raggi, procelle e fiori.

E qualche volta, vedi, audacemente
io mi dibatto, maledico, piango;
ma passa il mondo e ride o non mi sente,
ed io, testardo prigionier furente,
contro i ferri l'aperte ali m'infrango,
        e il mondo non mi sente!...

Oh, chi mi spezza l'ìnvide ritorte,
chi mi dona la luce e l'infinito,
chi mi dischiude le tenaci porte?
Io voglio, io voglio errar, garrulo e forte,
nella luce del sole ebbro e rapito...
        O libertade, o morte.

HAI LAVORATO?

Dunque tu m'ami. Hai confessato: or, trepido,
taci ed attendi, e ti scolora il viso
un'onda di pallor.
Vuoi dal mio labbro un bacio ed un sorriso,
vuoi di mia fresca giovinezza il fior!...

Ma dimmi: l'ansie, le battaglie e gl'impeti
sai tu d'un ideal che mai non langue?
Sai tu che sia soffrir?...
Che ti val la tua forza ed il tuo sangue,
l'anima tua, la mente, il tuo respir?...

Hai lavorato?... Le virili insonnie
de la notte in severe opre vegliata,
di', non conosci tu?...
A qual fede o vessillo hai consacrata
la tua florida e bella gioventù?...

Non mi rispondi... oh, vattene. Fra gli ozi
lieti di sonnolente ore perdute
torna, vitello d'or.
Torna fra balli, carte e prostitute;
io non vendo i miei baci ed il mio cor.

Oh, se tu fossi affaticato e lacero,
ma coll'orgoglio del lavoro in faccia
e una scintilla in sen;
se stanche avessi l'operose braccia,
ma t'ardesse nel grande occhio un balen;

se tu fossi plebeo, ma sovra gli uomini
cui preme e sfibra il vile ozio codardo
ergessi il capo altier,
e nel tuo vasto cerebro gagliardo
avvampasse la febbre del pensier,

io t'amerei, sì!... T'amerei per l'opre
tue vigorose e la tua vita onesta,
pel sacro tuo lavor;
sovra il tuo petto chinerei la testa,
forte di stima e pallida d'amor!...

Ma tu chi sei?... Da me che speri, o debole
schiavo languente fra dorato lezzo?
Sgombrami il passo, e va.
Non m'importa di te — va — ti disprezzo,
fiacco liberto d'una fiacca età!...

DEFORME

Ascoltate, signor. — Da lunge, al porto,
il mar si lagna con muggente voce.
Mi guardaste?... L'atroce
ghigno d'un demon mi creava; io sono
d'una furia l'aborto.

Coll'immortal malinconia del mare
il mio si fonde irrimediabil duolo.
Piangetemi, son solo:
non ho moglie, non figli, non amici,
freddo è il mio focolare.

E un giorno anch'io, capite, anch'io cercai
un astro folgorante alla mia sera:
cercai la donna... Ell'era
una vagante e splendida boema;
la raccolsi e l'amai.

Quella donna mentiva, io lo sapea;
ma quando sul suo bianco, statuario
petto di marmo pario
io reclinava il deformato volto,
il mio cor si struggea!...

Ell'era noncurante ed io geloso,
ferocemente, ineluttabilmente,
del suo crin rilucente,
de la sua bocca e del suo sen velato,
del suo riso festoso!...

M'abbandonò. — Cercò il piacer, l'aurora,
il maggio e la beltà!... Non l'ho seguita.
Ma verso la svanita
sua forma io vile, sfigurato e irriso,
tendo le braccia ancora!...

Oh, s'io potessi smantellar le porte
di questa vita maledetta e lenta!
Ma il nulla mi spaventa:
la debole e vigliacca anima teme
l'al di là della morte.

... Come de le schiumanti onde il fragore
commove l'aura e fa tremar la riva!...
Non s'ode anima viva;
questa notte assomiglia al mio destino. —
... Addio dunque, signore.

TEMPESTE
1895

I SACRIFICI

I

LA MAESTRA

È una maestra. — Ha ne lo sguardo buono
la rassegnata calma paziente
di chi sa il vuoto, il pianto ed il perdono.

Con lungo amore, faticosamente,
i figli d'altri a l'avvenir prepara;
insegna con austere voci e lente.

Ne la sua stanza fredda come bara
ove mai riscaldò fiamma d'ebbrezza
la sconosciuta povertade amara,

ove non fulse mai la giovinezza
d'un lieto sogno, morrà un giorno, sola,
composta il volto a stanca tenerezza;

e su l'algide labbra di viola
e nel vago stupor degli occhi spenti
morrà con essa l'ultima parola

del suo delirio: «O bimbi, o bimbi... attenti...».

II

LA MADRE

Vedova, lavorò senza riposo
per la bambina sua, per quel suo bene
unico, da lo sguardo luminoso;

per essa sopportò tutte le pene,
per darle il pan si logorò la vita,
per darle il sangue si vuotò le vene. —

La bimba crebbe, come una fiorita
di rose a maggio, come una sultana,
da la materna idolatria blandita;

e così piacque a un uom quella sovrana
beltà, che al suo desio la volle avvinta,
e sposa e amante la portò lontana!...

... Batte or la pioggia dal rovaio spinta
ai vetri de la stanza solitaria
ove la madre sta, tacita, vinta:

schiude essa i labbri, quasi in cerca d'aria;
ma pensa: «La diletta ora è felice...».
E, bianca al par di statua funeraria,

quella sparita forma benedice.

III

LA FIDANZATA

Egli le disse: «I monti e l'oceàno
frapporre io devo fra il tuo bacio e il mio;
oh, pensami, mentr'io sarò lontano.

Oh, attendimi!... Giammai sonno d'oblio
col tempo graverà sul nostro amore:
serberà la distanza alto il desio».

... Ed ella attese. — Ed i minuti e l'ore
e i mesi e gli anni, i lunghi anni glaciali,
passaron senza un raggio e senza un fiore

su quei densi capelli verginali;
e quando cadder dal suo volto smorto
le primavere e dal suo passo l'ali,

e una ruga ghignò sovra quel morto
fascino (lenta pioggia il marmo scava),
ei riapparve alfin, come risorto.

Ma non confuser l'infocata lava
de' baci; non l'ebbrezze desiate:
ella il padrone, egli guardò la schiava,

per ritrovar le forme un giorno amate,
per ritrovarle... — e poi stettero, fisso
lo sguardo al suolo, querce fulminate;

e fra di lor si risquarciò l'abisso.

UN ANNO DOPO

Quando, ne l'ora oscura
penso che sei da me così lontano,
e mi striscia nell'anima
il sinistro timor ch'io t'amo invano,
e questo amor mi porterà sciagura;

quando in petto mi trema
il pensiero che tu non tornerai
forse, e che tutto ha un termine,
e che t'ho amato per non esser mai
tua, credi, allora una pietà suprema

di me, di te m'aggrava:
sento il bisogno di tornar bambina
per ripeter l'ingenua
preghiera che in soffitta, a me vicina,
la mia pallida madre m'insegnava:

e, in ginocchio fra i veli
del letto freddo come vuoto nido,
singhiozzo nelle tenebre,
perdutamente a Dio gettando il grido:
«O Padre nostro, che siete nei cieli!...».

NON TORNARE

Non ritornar mai più. Resta oltre i mari,
resta oltre i monti. Il nostro amor, l'ho ucciso.
Troppo mi torturava. E l'ho calpesto,
l'ho sfigurato in viso,

l'ho morso, l'ho ridotto in cento brani,
l'ho ucciso, ecco! Ora tace, finalmente.
Tace. Più lento per le vene scorre
il sangue prepotente:

posso dormir, la notte; e più non piango,
te chiamando, affannosa. — Oh, quanta calma!...
Nella penombra senza fine, senza
moto, riposa l'alma;

e tesse, tesse le obliose fila
d'un sogno di rinuncia. — Non tornare. —
Io, cieca e fredda, voglio odiarti, come
ti seppi un giorno amare:

odiarti pe' miei freschi anni fiorenti
che immolai, dolorando, a te lontano;
povera gioventù senza carezze,
sacrificata invano!...

Ma nell'odio si soffre: ma si piange
nell'odio... ed io t'avrei sempre davanti
anche imprecando a te. Non ho più forza
di lotta o di rimpianti;

voglio silenzio — un gran silenzio!... — Fate
tacer quel fioco gemito, là in fondo. —
C'è qualcuno che lagnasi, un nemico,
un malato, là in fondo:

qualcuno oppresso da un immenso male,
da un peso immenso a cui non può sfuggire:
qualcuno che agonizza e chiede aiuto,
e non vuole morire.

MATERNITÀ
1904

GERMINA

Calma e silenzio, intorno.
Dietro le mie cortine
muore tra nebbie fine
il giorno.

Ne la penombra, i volti
noti, da le cornici,
mi affisano. — Che dici,
che ascolti,

che abissi d'acqua fonda
schiudi al mio nero sguardo,
o amor di Leonardo,
Gioconda?...

... Ne la penombra io sono
sola. — Non veramente. —
L'anima veglia e sente
un suono

lievissimo, un tremare
d'ali, un sommesso pianto,
come in conchiglia il canto
del mare.

L'anima veglia e prega:
e su la vita informe
che nel mio grembo dorme
si piega.

Io sembro inerte. E pure
son come zolla al sole.
S'aprono in me viole
    oscure

di sogni, ardenti flore
d'un incantato maggio.
Porto io forse un messaggio
    d'amore?...

Di pace un senso pio
per ogni vena io sento.
Sono io forse strumento
    di Dio?...

La Sfinge dolorosa
sul tuo mortal destino
come suggel divino
    si posa;

ma tu, che da me bevi
la forza essenziale,
ed il bene ed il male
    ricevi,

rompi, potente seme,
la zolla inturgidita.
Benedirem la vita
    insieme.

IL SALUTO FRATERNO

Salve, fratello.
                    Tu non mi conosci,
non so il tuo nome: non ti vidi mai
prima d'ora. Qui, dove t'incontrai,
mugghia il fragor de' carri e batte il polso
vibrante de la strada affaccendata.
Ognuno accorre con lena affannata
verso il suo sogno e il suo dolore. Ognuno
s'urta, senza guardarsi. Ed io ti miro,
lieve passando — oh, il tempo d'un respiro,
oh, il tempo d'un addio breve, d'ignota
a ignoto, in mezzo a la ruggente via:
— Dio ti salvi, fratello — e così sia. —

Non m'importa saper donde tu venga
né chi tu sia, né che farai domani.
Non m'importa saper se le tue mani
sien pure. O nato, come me, da grembo
dolente; o fatto de la stessa carne;
o preda de le stesse adunche e scarne
unghie de l'Ombra che in silenzio attende
dietro una porta, a l'angolo d'un muro,
per colpir quando il colpo è più sicuro:
tu che piangesti come forse io piansi,
volgiti a questa voce de la via:
— Dio ti salvi, fratello — e così sia. —

Pel dondolio de la lontana culla
che ti cullò; pei baci di tua madre,

se madre avesti che di sue leggiadre
cantilene protesse il tuo riposo;
per le poche dolcezze e per le molte
lacrime, e le speranze che hai sepolte,
come piccoli morti, in fondo al cuore;
pel senso oscuro de la vita, uguale
in tutti; per la sacra ansia immortale
che sospinge le razze a l'avvenire;
per la tua fede e per la fede mia,
— Dio ti salvi, fratello — e così sia. —

E vada, come a te, questo saluto
a l'ampia folla che le strade ingombra;
a la donna che passa, ombra ne l'ombra,
contro i muri, velata: a chi un amore
insegue, o un odio, o il pane: a l'uom del maglio
o del telaio, fiero del travaglio
compiuto, e gaio d'una sua canzone:
al poeta, al fanciullo, al morituro
che sogna, e crede eterno il suo futuro,
e domani, con me, con te, dissolto
andrà pel cosmo in onde d'armonia:
— Dio ti salvi, ora e sempre — e così sia. —

ESILIO
1914

COMPRENDERE

No!... Comprenderti voglio, o vita, o vita
che m'attanagli con sì dure branche,
e a prova nelle mie viscere stanche
prima scavi, poi baci la ferita.

Io non ho membro che non porti il segno
della tua violenza — e il sanguinante
mio cor t'ha in sé confitta, rutilante
scure che strappa alla radice il legno.

Quando comprenderò, forse il tuo gioco
barbaro diverrà per la mia mente
un nulla, un fior che sboccia, una vanente
nube, vermiglia del tramonto al fuoco.

Quando comprenderò, ti sarò grata
forse del vario strazio che m'infliggi,
torturatrice che unghia e dente figgi
dove la carne più ti par malata.

Dimmi il perché, se un perché esiste. Io voglio
saperlo, per gioire; e del dolore
far delizia pei sensi, urlo d'amore
per l'anima, corona per l'orgoglio.

A COLUI CHE NON È VENUTO

Io t'aspettavo fin dal giorno in cui
di fiorire m'accorsi all'improvviso,
primula di marzo. E venne uno, con viso
dolce. Ma io mi dissi: «Non è lui».

Pioggia e sol, spine e rose, fieno e paglia
m'apportarono gli anni. Anche l'amore.
Non te!... Qualcun ti assomigliò, che il cuore
aggrovigliar mi seppe in gemmea maglia:

ed io mi persi a capofitto, giù,
col desiderio folle d'annientarmi
tra forti braccia che potean spezzarmi
come la creta. – Ma non eri tu. –

Così, polvere e cenere divenne
ciò ch'io toccai. Seccarono le polle.
Avvizzirono i tralci e le corolle,
e morte, in vita, in suo poter mi tenne.

Tu, nato troppo presto o troppo tardi,
per me creato ed a me occulto, solo
perch'io son sola, indifferente al volo
degli anni, se nel tuo deserto guardi!...

Tu, che m'avresti avuta come il mare
ha l'onda, uguale a te ma in te perduta,
e nel dominio avvolgitor veduta
a somiglianza tua trasfigurare!...

Non venisti, non vieni, non t'attendo
più. Domani morrò. La vita ha fretta,
non vedi?... Appena schiusa, appena detta
una parola, fugge, impallidendo,

quasi colpita da terror... — Ma forse
di là, nell'ombra ove uno spirito tocca
l'altro in silenzio, io troverò la bocca
che solo in sogno la mia bocca morse.

III
«LIBERA ME DA ME»

Infilar presso a te punto su punto
nel tugurio ove ignori e sonno e pace,
o dolorosa, che, se il labbro tace,
riveli il tuo patir nel volto smunto:

dell'aratro con te tirar la stanga
per fender solchi che ci diano il pane,
uomo che tutte le scienze umane
sai, poi che in pugno sai stringer la vanga:

santificar con libero e fraterno
gesto il tuo maglio, o fabbro, il tuo piccone,
o minatore, la tua passione,
umile, o schiavo del travaglio eterno!...

Libera me da me, nell'oceanico
tumulto travolgendo il mio rottame
naufrago, umanità, che hai sete e fame
di cuori, a pasto del tuo cuor titanico!...

Forse la triste femmina in gramaglie
pesanti, la reclusa che mi mugola
dentro con tal convulso arrancar d'ugola
che per l'anima schizzi fra tanaglie,

tacerà. — Sarò un'altra. Sarò quella
che dona. Sarò l'ombra della vita.
Coglierò fiori con le bianche dita
per alcun che dirà: «Grazie, sorella...».

E udrò l'onda del sangue gorgogliare
non solo in me, ma in ogni calda polla
della terra; e fluir, placida, colla
calma d'un fiume che discende al mare.

IL LIBRO DI MARA
1919

IL MURO

Alto è il muro che fiancheggia la mia strada, e la sua nudità rettilinea si prolunga nell'infinito.

Lo accende il sole come un rogo enorme, lo imbianca la luna come un sepolcro.

Di giorno, di notte, pesante, inflessibile, sento il tuo passo di là dal muro.

So che sei lì, e mi cerchi e mi vuoi, pallido del pallore marmoreo che avevi l'ultima volta ch'io ti vidi.

So che sei lì; ma porta non trovo da schiudere, breccia non posso scavare.

Parallela al tuo passo io cammino, senz'altro udire, senz'altro seguire che questo solo richiamo,

sperando incontrarti alla fine, guardarti beata nel viso, svenirti beata sul cuore.

Ma il termine sempre è più lungi, e in me non v'è fibra che non sia stanca;

ed il tuo passo di là dal muro si scande a martello sul battito delle mie arterie.

VESPERTINA
1930

DESERTO

Sempre sul cuore il tuo dolor ti preme
più grave che non sia peso di pietra.
Pure è per esso che ti senti viva:
s'egli non fosse, vano a te sarebbe
sangue e respiro, vano il mover passi
in quel deserto che t'è il mondo: colmo
d'uomini, è vero, ma alla sabbia uguali
ch'or sì or no mulina in groppa al vento.

Come hai fatto a restar senza nessuno
sulla terra, così: che men solingo
è il cane a cui per via morì il padrone?
Né tu ti lagni d'esserlo. Non gridi
«Son sola» per chiamar chi ti s'accosti
e t'accompagni. Forse uno verrebbe
se lo chiamassi: o, se tu andassi a lui,
nel suo sorriso leggeresti il cuore.
Ma non lo vuoi. Non credi più. Non sai
più abbandonarti alla tremante luce
della speranza. Ti bendasti gli occhi
per non mirarla. E pur ne soffri; e più
nel tempo inoltri e più t'ostini in questa
tua superba miseria, e più comprendi
che meglio forse era non esser nata.

Ricordi, un giorno? Amavi. E se di sole
t'entrava un raggio dal balcone aperto,
eri quel raggio, fra la terra e il cielo:

se veniva improvviso a inebriarti
un effluvio di rose, ecco, e tu eri
fresca rosa olezzante in un giardino:
se a te saliva un canto, eri quel canto.
Trovassi ancora un po' d'amore sulla
tua strada, pur sapendo che non dura
amore in terra più che in ciel non duri
la nube! Ancora illuderti potessi
d'essere creatura necessaria
ad altra creatura, e quella a te!
Posare il capo su la spalla d'uno
che di te tutto sappia, anche le colpe,
e tutto ami, anche il male, anche i crudeli
segni del tempo; e tutta ti raccolga
nelle sue braccia!

Ma non son che tardi
vaneggiamenti. Non ritorna il tempo
d'amore. E tu non hai, per te, che il peso
de' tuoi ricordi, mentre scende l'ombra.

LUNA SULLA CITTÀ

Luna, che sorgi di su l'alte case
della città, nell'ora in cui si placa
il tumulto dei traffici, e ai cristalli
splendon luci improvvise, e per le vie
lampade bianche sboccian tonde in fila
a farti specchio mentre in ciel cammini:
sempre sei quella ch'io, fanciulla, un tempo
miravo da' miei campi e dal mio fiume;
e m'illudea, sì vasto era l'incanto,
essere tu ed io sole nel mondo.
Ora, sulla città greve di folla,
dura d'asfalti, irta d'antenne, inferma
di rumor, di fatica, di travaglio
cupido e vano, ov'io perdei me stessa,
tu la tregua di Dio porti, ed assolvi
col tuo riso celeste ogni peccato.
E mentre guardi a noi, passi vagando
anche sui flutti del profondo mare,
sui sentieri e le vette ardue de' monti,
e su placidi laghi e lontananze
di foreste e di prati; e ovunque l'uomo
trovi; e l'illudi; ché tu sempre sei
quella; ma per ciascun sola a lui solo.
Sola a me sola, ecco, ritorni, o luna,
e nell'effuso tuo pallor m'oblio
come allora che tu m'eri custode
sull'abbandono del virgineo sonno.

Se ti son cara, questa notte almeno
la fanciulla ch'io fui veglia nel mio
sonno; e dormendo io sogni esserti accanto
fanciulla eterna nell'eterna pace.

RAMI DI PESCO

Ferma al quadrivio, mentre piove e spiove
sotto l'aspro alternar delle ventate
schioccanti come fruste sulle facce
di chi va, di chi viene, una vecchietta
vende rami di pesco.

O primavera
per pochi soldi! O riso, o tremolio
di stelle rosee su bagnate pietre!
Scompare agli occhi miei la strada urbana
con fango e folla e strider di convogli
sulle rotaie, e saettar nemico
d'automobili in corsa. Ecco, e in un campo
mi trovo: è verde, di frumento appena
sorto dal suolo: pioppi e gelsi intorno
con la promessa delle fronde al sommo
dei rami avvolti in una nebbia d'oro:
e peschi: oh, lievi, oh, gracili, d'un rosa
che non è della terra: ch'è di tuniche
d'angeli scesi a benedire i primi
germogli, e pronti, a un alito di brezza,
a rivolar da nube a nube in cielo.

I CANDELABRI

Gl'ippocastani a maggio, in fronda e fiore
son quali immensi candelabri accesi.
A cento, a mille ardono i bianchi ceri
sui candelabri di smeraldo, eretti
verso l'azzurro a render grazie a Dio
dator d'ogni bellezza in cielo e in terra.
Ma chi li accese, i palpitanti ceri?
Chi veglia a che durin le fiamme, sino
a quando il maggio languirà nel giugno?
E il dolce vento che le move, quale
musica esprime, ch'io n'ho riverenza
senza capirla? E perché mai non sono
una d'esse? Gran sorte, o Dio, risplendere
per Te com'esse mentre il maggio dura,
morir com'esse col morir del maggio.

CHITARRA DI NOTTE

Sommesso accordo, nell'oblio notturno,
mi destò, come un sogno al suo finire.
Forse è in fondo alla via: forse sul canto
della piazzetta. Sembra un rauco gemere
di colombe. Or più presso: or più lontano:
tace: riprende: allenta: empie la strada
di sospiri. Stanotte è luna piena,
gl'innamorati van con la chitarra
dove più sul candor nere son l'ombre
e le finestre spalancate al soffio
dei tigli in fiore.

Dolce sia la notte
a chi canta d'amore! Ma quei lunghi
strappi di corde turbano la mia
chiusa tristezza: mi rimembran cose
per me già morte, cose del passato.
Il passato! Che è mai, questo passato?
Ciò che non vive più, chi m'assicura
che visse un giorno? E pure, anima mia,
pure non posso non abbandonarmi.
Non è molt'anni, era una calda notte
di luna, la via tutta una carezza
bianca, il mio bene ed io con l'ombre nostre
lungo il muro, un lamento di chitarra
nascosta dietro un'odorosa siepe
di gelsomini; e a quel lamento i suoi
baci ed il mio tremar nelle sue braccia.

IL FIGLIO CHE NON NACQUE

Donna, improvviso al tuo pensier ritorna
stanotte il figlio non veduto in volto
né accostato al capezzolo: che avanti
di nascere morì dentro il tuo seno.
E ricordi il presagio che ti morse
le viscere; e lo strazio; e quell'arresto
del tempo in te, ma non per te: pel figlio;
e il tuo terrore d'affondar con lui
in un torrente fumido e vermiglio.

Fossi allora scomparsa col tuo bimbo
che in te nascosto solo tu sapevi!
Versato non avresti sì gran pianti
che ne portan le cave orbite i solchi
e sei come un rottame alla deriva.
E or che torna, non puoi chiamarlo a nome,
ch'è senza nome: né ascoltarne il riso:
crebbe — vent'anni! — entro il soave limbo
dell'ombre; ma non ha voce né viso.

Tu ben lo sai quel viso a chi sarebbe
specchio, e qual suono avrebbe quella voce.
Viso d'amor, voce d'amor perduti
due volte. Ritrovarti ogni mattino
nella casa deserta; e in essa attendere
la tua notte deserta. — O donna, e forse
non ti parrebbe non aver più nulla,
se in un canto una culla ti restasse
di cui dire fra te: «Fu la sua culla».

AMA L'OPERA TUA

Ama l'opera tua. Soffri per essa
la tua pena più bella e più segreta.
Donale il sole de' tuoi giorni, l'ombra
delle tue notti. Non te ne distolga
altra fatica, o amor di lucro, o il duro
convincimento che, più essa è viva,
più sottile sarà l'irrisione
dei nemici, più stolido il silenzio
degl'ignari, più vano il tuo sperarla
compresa, accolta, benedetta. L'uomo
ti lascia, infido, quando la bellezza
ti lascia. Il figlio — in seno prima, e poi
sulle braccia portato, e alla sua sorte,
poi, con pianti, ceduto — oh, non lo perdi
sol se ti muore: più lo perdi vivo,
anche se di lontano indietro volga
lo sguardo verso l'ombra della casa
ove nacque, ove crebbe, ove fu puro.
Ama l'opera tua, che unicamente
ti rassomiglia per divine tracce
note a te sola. Unicamente puoi
far vero in essa il sogno, e sogno il vero,
e perdonare al tuo nemico, e rendere
bene per male, e accogliere in un grido
tutti i cuori viventi entro il tuo cuore.

Ama l'opera tua, ch'è solo amore.

PENSIERO D'AUTUNNO

Fammi uguale, Signore, a quelle foglie
moribonde che vedo oggi nel sole
tremar dell'olmo sul più alto ramo.
Tremano, sì, ma non di pena: è tanto
limpido il sole, e dolce il distaccarsi
dal ramo per congiungersi alla terra.
S'accendono alla luce ultima, cuori
pronti all'offerta; e l'agonia, per esse,
ha la clemenza d'una mite aurora.
Fa ch'io mi stacchi dal più alto ramo
di mia vita, così, senza lamento,
penetrata di Te come del sole.

IL DONO
1935

IL DONO

Il dono eccelso che di giorno in giorno
e d'anno in anno da te attesi, o vita
(e per esso, lo sai, mi fu dolcezza
anche il pianto), non venne: ancor non venne.
Ad ogni alba che spunta io dico: «È oggi»:
ad ogni giorno che tramonta io dico:
«Sarà domani». Scorre intanto il fiume
del mio sangue vermiglio alla sua foce:
e forse il dono che puoi darmi, il solo
che valga, o vita, è questo sangue: questo
fluir segreto nelle vene, e battere
dei polsi, e luce aver dagli occhi; e amarti
unicamente perché sei la vita.

RIMORSO

Vita, dono di Dio: che ho dunque fatto
di te? Che folle e vana attesa è dunque
la mia, se ti posseggo, anima e senso,
corpo e pensiero, unico bene? In nome
di qual sogno t'offersi, per qual fede
a perderti fui pronta, a chi passai
la tua fiaccola ardente? Sol per questo
data mi fosti; e adesso è tardi, o vita.
Quando misera e sola innanzi al Padre
sarò, che gli dirò, qual luce in terra
avrò lasciata, a gloria sua?

Ma forse
ancora è tempo di donarti, o dono
di Dio. Fin ch'io respiri, ancora è tempo.

DOMANDA SENZA RISPOSTA

Lo so. Fuggir non può nessuno il tuo
dominio. Sei già in noi, quando si nasce.
Cresci con noi, fatta dell'ossa nostre
e del cuore che pulsa e del pensiero
che spazia. Se la vita una certezza
possiede, tu quella certezza sei:
dietro ogni atto, ogni sogno, ogni speranza,
s'allunga il nero della tua grande ombra.
Pronta a inghiottirci nella tua grande ombra
al termine prescritto; ma non triste:
anzi, serena: poi che tu sorella
sei della vita: la natura, eterna
progenitrice, entrambe ad un sol parto
creava — e tu non puoi senza la vita
esser, né vita può senza di te.
Solo ti chiedo: perché mai soffrire
tanto si deve, per morire? Al corpo
nostro perché sì torbida condanna
di tormenti, e sì lunga, e sì diversa,
prima di render l'anima? Perché
fra il basso peso della carne e il soffio
in cui respira Iddio, nel punto estremo
del separarsi, così stretto è il nodo
che lo strappo è martirio?

                                        Ma tu nulla
rispondi. È la tua legge. E l'improvvisa
pace che imbianca come un'alba il volto

di chi trapassa, unica a noi può dire
quanto sia bello, quanto dolce, dopo
la scissione, il tuo riposo, o morte.

FINE

La rosa bianca, sola in una coppa
di vetro, nel silenzio si disfoglia
e non sa di morire e ch'io la guardo
morire. Un dopo l'altro si distaccano
i petali; ma intatti: immacolati:
un presso l'altro con un tocco lieve
posano, e stanno: attenti se un prodigio
li risollevi e li ridoni, ancora
vivi, candidi ancora, al gambo spoglio.
Tal mi sento cader sul cuore i giorni
del mio tempo fugace: intatti; e il cuore
vorrebbe, ma non può, comporli in una
rosa novella, su più alto stelo.

OCCHI

Colei che per limosina mi tese
la mano, ieri (un bimbo alla sua gonna
stringea con l'altra), non mi disse nulla.
Sol mi tese la mano con guardinga
rapidità, ché alcun non la vedesse.
Nel volto non avea che gli occhi: immensi
occhi di febbre, disperati: il resto
era già terra. Ed io non so per quale
tristizia il passo accelerai, né feci
l'atto di carità, né mi rivolsi.
Nera ondeggiò la folla: io fui nessuno
per la misera donna, ella nessuno
fu per me; ma giammai dalla memoria
mi sarà dato cancellar quegli occhi.

Quando mi troverò dinanzi all'ombra
di morte (può, mia vita, esser domani),
fissi in quell'ombra rivedrò quegli occhi.

OMBRE D'ALI

Cielo di giugno, azzurra giovinezza
dell'anno; ed allegrezza
di rondini sfreccianti in folli giri
nell'aria. Ombre ombre d'ali
vedo guizzar sul bianco arroventato
del muro in fronte: ombre a saetta, nere:
vive, al mio sguardo, più dell'ali vere.
Traggon dal nulla, scrivono col nulla
parole d'un linguaggio
perduto; e le cancellano
ratte, fuggendo via fra raggio e raggio.

Vita che mi rimani,
fin ch'io veder potrò quelle parole
strane apparire scomparir sul muro
candente al sole
(forse un tempo io le dissi a chi m'amava,
egli le disse a me, bocca su bocca),
vita che mi rimani, ancor dolcezza
puoi darmi. Basta
l'ombra d'un bacio alla memoria, basta
l'ombra d'un'ala alla felicità.

PIOGGIA D'AUTUNNO

Stanotte udii, fra veglia e sonno, un canto
lieve, sommesso, e pur vasto siccome
il vasto mondo; e mi parea nel sogno
di navigare in barca senza remi
su grigio mare, dentro un vel di pioggia.
Era la pioggia, sì; ma sovra un mare
di fronde mormoranti di felice
ristoro nelle tenebre: la prima
pioggia d'autunno, dopo un'arsa estate
tutta febbre di sole; ed or s'ostina
nell'alba smorta, ed ogni albero piange
che la riceve. Ma quel pianto è riso,
profondo, inestinguibile: di donna
che troppo attese, ed or non sa se gioia
o dolore è l'amplesso che l'avvolge.
Vorrei, pioggia d'autunno, essere foglia
che s'imbeve di te sin nelle fibre
che l'uniscono al ramo, e il ramo al tronco,
e il tronco al suolo; e tu dentro le vene
passi, e ti spandi, e sì gran sete plachi.
So che annunci l'inverno: che fra breve
quella foglia cadrà, fatta colore
della ruggine, e al fango andrà commista;
ma le radici nutrirà del tronco
per rispuntar dai rami a primavera.
Vorrei, pioggia d'autunno, essere foglia,
abbandonarmi al tuo scrosciare, certa
che non morrò, che non morrò, che solo

muterò volto sin che avrà la terra
le sue stagioni, e un albero avrà fronde.

VETTA NEL SOLE

Gemmea la vetta estrema
nel sole estremo. Giù pei fianchi l'ombra
già avvolge il monte: non ancor sì fonda
che non s'incidan nel nitor del vento
le strade impervie, i tortuosi solchi
dei precipizi, il biancheggiar de' sassi
nei greti asciutti, e delle malghe gli alti
prati, sola dolcezza nell'orrore.
Potessi, o mio Signore,
esser quella montagna in quest'azzurro
tramonto innanzi a Te: nell'ombra i segni
del faticoso ascendere, del duro
combatter contro le nemiche forze,
e delle poche aride soste e delle
solitudini immense ove soccombe
l'anima che non sappia di se stessa
armarsi, come il suo comando vuole;
ma sulla vetta il sole.

PAROLE A MIA FIGLIA

Figlia, che ridi ai figli tuoi: se penso
al tempo in cui, per nascere, me tutta
rompesti, e tale fu il dolor che forse
meglio la morte, e tale fu la gioia
che nulla essere può gioia più grande,
lontanissimo ormai sembra quel tempo,
e più di sogno che di verità.
Se penso che tu sei vita vivente
di mia vita vivente, e che m'illusi
dentro l'anima tua fissar l'impronta
di me stessa, conosco il vano errore:
so ch'io son io, che tu sei tu; diverse:
e innanzi a questa umana legge, antica
come la terra che ci nutre, piego.
Pure, cessato io non ho mai d'averti
fra le mie braccia, ad onta del fuggire
degli anni: di cullarti sui ginocchi,
d'accompagnarti per la mano; e tu
così farai co' tuoi fanciulli, e un giorno
soffrirai com'io soffro, in te frenando
la sofferenza: in te dicendo: «È giusto».

Nel caro aspetto, dal fiorito aprile
poco mutasti. È la malia canora
di quella voce, sempre. È quel lucente
sorriso, sempre. È quella grazia strana
che solo nell'ardor si fa bellezza
come il ramo che brucia si trasforma

in mutevole fiamma. Sono gli occhi
d'allora, in cui mi perdo: occhi di schiava
regina, occhi d'amore. E sei tu forse
viva per altro? O ricco sangue uscito
dal mio, non sei che amore, desiderio
d'amor, pena d'amore. Or le supreme
verità della vita io dire posso
a te, tu a me: sebben del tuo segreto
cuore non tutto tu mi scopra, forse
perché non pianga; e innanzi a quel geloso
silenzio io sto come alla porta un povero
che mendicar vorrebbe e non s'attenta.
Rotto è il cordone di pulsante carne
fra genitrice e generata: forte
la tenerezza, ma più forte il laccio
che ciascun lega al suo destino: amara
condanna di materna solitudine
che te pur colpirà.

Ma non importa
il patimento, o creatura nata
per la fatica di creare. Importa
essere madre, far del sangue nostro
altro sangue, altra forza, altro pensiero
che noi tramandi e sé tramandi: eterne
nell'unità degli esseri e del tempo,
se pur si scenda nella tomba sole.

PREGHIERA PER LA MORTE

Insegnamento della morte, inermi
siamo dinanzi a te. Questo era il volto
di Delia. Il bianco aperto riso, e gli occhi
d'acqua sorgiva, ed il mutar dei tratti
sotto i moti del cuore, e l'innocente
maestà della fronte, e il dolce uscire
della voce dal labbro: melodia
che chi un giorno l'udì più non la scorda.
Questo, il suo volto. Ed ora, pietra. Opaca
pietra, gelida al bacio: lontananza
di deserti, se pur la nostra bocca
lo sfiori.

Or ti chiediamo: ove andò Delia,
Delia-respiro, Delia-anima, Delia
spirito ardente che alla propria fiamma
noi riscaldava? Dove aleggia il soffio
che tanta grazia alla terrena forma
dava, e sì gran luce per tutti? E quella
radianza d'amor chi più la rende
al nostro amore? — Col tuo Verbo a noi
rispondi. Dillo a noi, che Delia sparve
ma ch'è vivente. Credere vogliamo
senza saper, senza vedere: credere
con gli occhi ciechi, con la fronte a terra
nella nostra miseria che l'invoca.
Vivente è Delia. Dal morir, la vera
sua durabile vita oggi comincia.

ATTO D'AMORE

Non seppi dirti quant'io t'amo, Dio
nel quale credo, Dio che sei la vita
vivente, e quella già vissuta e quella
ch'è da viver più oltre: oltre i confini
dei mondi, e dove non esiste il tempo.
Non seppi; — ma a Te nulla occulto resta
di ciò che tace nel profondo. Ogni atto
di vita, in me, fu amore. Ed io credetti
fosse per l'uomo, o l'opera, o la patria
terrena, o i nati dal mio saldo ceppo,
o i fior, le piante, i frutti che dal sole
hanno sostanza, nutrimento e luce;
ma fu amore di Te, che in ogni cosa
e creatura sei presente. Ed ora
che ad uno ad uno caddero al mio fianco
i compagni di strada, e più sommesse
si fan le voci della terra, il tuo
volto rifulge di splendor più forte,
e la tua voce è cantico di gloria.
Or — Dio che sempre amai — t'amo sapendo
d'amarti; e l'ineffabile certezza
che tutto fu giustizia, anche il dolore,
tutto fu bene, anche il mio male, tutto
per me Tu fosti e sei, mi fa tremante
d'una gioia più grande della morte.
Resta con me, poi che la sera scende
sulla mia casa con misericordia
d'ombre e di stelle. Ch'io ti porga, al desco

umile, il poco pane e l'acqua pura
della mia povertà. Resta Tu solo
accanto a me tua serva; e, nel silenzio
degli esseri, il mio cuore oda Te solo.

FONS AMORIS

1939-1943

TEMPO

Giorno per giorno, anno per anno, il tempo
nostro cammina! L'ora ch'è sì lenta
al desiderio, tu la tocchi infine
con le tue mani; e quasi a te non credi,
tanta è la gioia: l'ora che giammai
affrontare vorresti, a cauto passo
ti s'accosta e t'afferra — e nulla al mondo
da lei ti salva. Non è sorta l'alba
che piombata è la notte; e già la notte
cede al sol che ritorna, e via ne porta
la ruota insonne. Ma non v'è momento
che non gravi su noi con la potenza
dei secoli; e la vita ha in ogni battito
la tremenda misura dell'eterno.

HERBA TENAX

Umile agli occhi e pur sì cara al suolo,
erba tenace: che, calpesta, tenti
di raddrizzarti: tolta di fra i sassi
nelle piazze vetuste, ad essi torni
più fitta: rasa dalla falce ai prati,
rinasci, sempre verde e sempre nova.

Chiuso nell'ombra e pur fisso alle stelle,
cuore tenace: che, percosso, tenti
nel tuo segreto d'ammortire il colpo:
respinto, la tua via ricalchi: ucciso,
risorgi; e sì profonde hai le radici,
che più ricco ti fanno in vita nova.

AD UN NEMICO

Vorrei odiarti. Ma non so né odiarti
né perdonarti. Stai nella mia vita
come accétta nel tronco. E pur, se penso
che tu sei, come me, cosa di carne
e di dolore, miserabil cosa
nata gemendo, per morir: che il tuo
sangue s'addensa e pulsa
come il mio nelle vene, e può domani
sgorgarne per ferita, o pigramente
corrompersi per morbo che l'infetti:
che, come i miei, ben possono i tuoi occhi
smarrir del sole il raggio:
se penso al peso dell'occulta mano
su me, su te gravante,
non posso, non potrò
renderti il male che da te mi venne.
Iddio solo misura il male e il bene
con la bilancia che giammai non falla.
Quando entrambi varcata avrem la soglia
senza ritorno, allor sapremo. Allora
soltanto.

Ma così lontana, allora,
la tragedia terrena. Una memoria
senza dolore: un astro spento: un nulla.

MIA GIOVINEZZA

Non t'ho perduta. Sei rimasta, in fondo
all'essere. Sei tu, ma un'altra sei:
senza fronda né fior, senza il lucente
riso che avevi al tempo che non torna,
senza quel canto. Un'altra sei, più bella.
Ami, e non pensi essere amata: ad ogni
fiore che sboccia o frutto che rosseggia
o pargolo che nasce, al Dio dei campi
e delle stirpi rendi grazie in cuore.
Anno per anno, entro di te, mutasti
volto e sostanza. Ogni dolor più salda
ti rese: ad ogni traccia del passaggio
dei giorni, una tua linfa occulta e verde
opponesti a riparo. Or guardi al Lume
che non inganna: nel suo specchio miri
la durabile vita. E sei rimasta
come un'età che non ha nome: umana
fra le umane miserie, e pur vivente
di Dio soltanto e solo in Lui felice.

O giovinezza senza tempo, o sempre
rinnovata speranza, io ti commetto
a color che verranno: — infin che in terra
torni a fiorir la primavera, e in cielo
nascan le stelle quand'è spento il sole.

LA TUA VOCE

Leggendo Sant'Agostino

Chi mi darà di riposare in Te?
Chi mi darà che tu m'entri nel cuore,
ed io tanto ne goda che mi scordi
i mali antichi e nuovi, e Te soltanto
contempli e adori, unico bene? Io voglio
ascoltar la tua voce. La tua voce
vera, Signore, prima della morte.
So ch'essa ha un'eco in ogni cosa: so
ch'è nel sol che mi scalda, nelle pietre
che calpesto, nel fiore e nella fronda,
nella pioggia e nel fulmine, nell'uomo
che m'è fratello e in quel che m'è nemico.
Ma se Tu mi parlassi come un padre
alla sua figlia, e mi dicessi: «Figlia,
io ti perdono»! — Una sol volta, un solo
istante, udirti: annichilirmi al suono
tremendo e dolce: e non poter far altro,
o mio Dio, che morire, per udirti
sempre.

TU MI CAMMINI A FIANCO

Tu mi cammini a fianco,
Signore. Orma non lascia in terra il tuo
passo. Non vedo Te: sento e respiro
la tua presenza in ogni filo d'erba,
in ogni atomo d'aria che mi nutre.
Per la rèdola scura in mezzo ai prati
alla chiesa del borgo
Tu mi conduci, mentre arde il tramonto
dietro la torre campanaria. Tutto
nella mia vita arse e si spense, come
quel rogo ch'or divampa ad occidente
e fra poco sarà cenere ed ombra:
solo m'è salva questa purità
d'infanzia che risale, intatta, il corso
degli anni per la gioia
di ritrovarti. Non abbandonarmi
più. Fino a quando l'ultima mia notte
(fosse stanotte!) non discenda, colma
solo di Te dalle rugiade agli astri;
e me trasmuti in goccia di rugiada
per la tua sete, e in luce
d'astro per la tua gloria.

LA VERITÀ

A Te solo non posso
celarmi. Oscuro smisurato è il fondo
dell'essere. Non v'ha pupilla umana,
s'io lo nascondo, che a scrutarlo arrivi.
Ma nulla al tuo tremendo
potere è tolto. Sta l'anima ignuda
sotto il divino sguardo
che la trapassa: e il non aver difesa
gioia le dà, se pur vergogna e pianto
delle sue colpe. Mai sì forte io t'amo,
Signor che tutto sai, come nell'ore
in cui più sento che di me non fugge
al tuo giudizio un palpito, un pensiero,
un affanno, un rimorso — e la mortale
mia verità riflessa è nello specchio
della tua luce eterna.

APPENDICE

VITA CH'IO VISSI

La vergine ventenne
ch'io fui, splendente come torcia accesa
nel sole, ora dov'è? Del suo bel sangue
nutriva ogni atto dell'acerba vita;
e dalla gola, liberato in canto,
le sgorgava echeggiando a monte e valle.
Ove scomparve, ella che fu sì certa
di non morire? Non morì. Rimasta
è nella scabra terra
presso il fiume che mormora e serpeggia
in tortuose spire oltre le grandi
foreste: intatta giace
fra tremolii di fronde e scorrer d'acque.
Al suo rifugio gli uomini dei boschi
vengon con felci e rami di betulle:
e il battellier che approda
dall'altra sponda, fasci d'alghe e steli
d'erbe apporta, raccolti sulla riva.

Calmo è il sonno di quella ch'io già fui
nella terra che suona ancor del canto
de' miei vent'anni — e, sole o pioggia o neve,
il mio volto d'allora ha quella terra.

LA SORPRESA NELL'ACCOSTARSI

Riaccostandosi al volto della poesia di Ada Negri, a un volto che, come spesso si trova nelle donne lombarde, è forte nei tratti ma abitato da una nascosta tenerezza, ci si ritrova sorpresi: c'è qualcosa di intatto, c'è una energia ben viva, una sfida ancora aperta che ci raggiunge dai suoi versi.

Provate a visitare i «suoi» luoghi, le campagne di Motta Visconti e di Lodi: se arrivate da quelle parti in un giorno di medio inverno, verso la fine dell'anno, in un giorno di media nebbia, così che le cose appaiono in un orizzonte velato, ove nel bianco il cielo e la terra si perdono insieme, potete vedere come ogni albero immobile nel piano, ogni spiccare di corvi o di colombi, ogni figura che a piedi o in bicicletta segue il fosso o la bassa fila di case, ogni insegna di bar sia un «evento». In questo sentir la vita come «evento», come «avvenimento», sta la prima energia della poesia di Ada Negri.

Quella energia agisce ancora nella lettura dei suoi testi.

Eppure, dai tempi in cui la «vergine rossa», come venne subito soprannominata la maestrina di Motta Visconti, toccava il successo diventando quasi un simbolo internazionale (fu il primo scrittore a cui fu concesso il «privilegio» di scrivere in prima pagina sul «Corriere della Sera», come più tardi a Pasolini, Moravia e ad altri e fu la prima e unica donna ammessa all'Accademia d'Italia) è passato tanto tempo. Intanto, Ada Negri è stata letteralmente censurata dalla critica ufficiale, subito dopo la morte: cercatela in una delle antologie cosiddette maggiori della nostra letteratura del Novecento, nel Contini, nel Mengaldo, nel Sanguineti – non la troverete, e nemmeno in una recente antologia sulla poesia religiosa in Italia. Su di lei si abbatté il giudizio severo di Croce, di Momigliano, di Pirandello e di quel lettore di provincia il cui radar captò molti dei movimenti e delle cesure che avrebbero caratterizzato il futuro letterario: Renato Serra.

Del resto, lei stessa riconobbe di aver scritto molto di «caduco»,[1] ma per passare dalla fama internazionale (il Mommsen confidava a Ojetti di conoscere della letteratura italiana contemporanea il Carducci e Ada Negri) alla clandestinità, occorrono ben altri motivi che non la caducità di una parte dell'opera.

Non si è trattato (è bene dirlo subito) di una censura dettata solo dai noti condizionamenti politico-ideologici che hanno fatto molti danni alla vita culturale italiana: in Ada Negri «disturba» qualcosa di più del suo avventuroso e complesso iter ideologico, peraltro comune a moltissimi italiani del suo tempo (da «pasionaria» socialista ad Accademica d'Italia negli anni del crollo fascista). Si tratta, crediamo, di qualcosa che riguarda la natura stessa del suo gesto poetico e lo sguardo che esso comunica.

Infatti, un gesto poetico (sia esso un testo o letteralmente un gesto) comunica sempre un modo di guardare il mondo: Leopardi col suo «Canto notturno» ha comunicato un modo interrogante di guardare la luna; Luzi con il suo «Viaggio celeste e terrestre di Simone Martini» ha comunicato un modo meditante e stupito di guardare le colline e Siena e il loro spettacolo di colori; Caproni col suo «Franco cacciatore» un modo intenso e impotente di vedere i boschi, il gelo e la presenza-assenza di Dio.

[1] «Io porterò fino alla morte la dissonanza fra la smisurata popolarità che circonda la mia poesia ed il suo reale valore artistico: la porterò come una ferita che non si rimargina.» Così diceva di sé la poetessa, provvista di realismo e di disincanto.

Controcorrente

C'è dunque qualcosa nell'opera e nella poesia di Ada Negri che risuona come sfida.

Non fu una intellettuale, la sua cultura non era costruita su cataste di libri, eppure nei suoi testi, scrisse il Flora nel 1940, «si fissano i temi dell'amore, della maternità, della fatica umana in modo inconsueto».

Probabilmente si potrebbe disputare all'infinito sulle influenze ch'ebbero su di lei Carducci, poi «sostituito» da D'Annunzio, da Pascoli o l'incontro con il verso sciolto del Whitman.[2] La poesia di Ada Negri appartiene alla propria epoca, ma non fu d'ispirazione letteraria. Di certo, considerava il Rapisardi, poeta sociale e classicheggiante, maggiore di tutti i contemporanei, frequentò Marinetti senza divenir futurista, lesse i decadenti senza assimilarvisi e il suo temperamento appassionato la portò ad ammirare la letteratura russa «che fiorisce selvaggiamente» e Ibsen «un genio». L'unica influenza che riconobbe esplicitamente fu da Leopardi.

Visse e si formò in un passaggio d'epoca in cui, come scrive Raimondi, «un poeta quale il Pascoli sentiva che stava nascendo un'altra letteratura che avrebbe saputo "descrivere la sensazione del nulla", il nudo "destino" dell'uomo nella vertigine del "non essere", e nello stesso tempo dichiarava di appartenere alla generazione poetica dei "vecchi", ancora al di qua di un nichilismo gnoseologico, per dir così, umanitario, a

[2] Alle critiche che il Pascoli rivolse alla sua poesia, la Negri rispose non curandosi di lui. Esiste nei due poeti un tratto di socialismo umanitario che avvicina le prove degli esordi. Le *Myricae* pascoliane precedono di un anno la prima raccolta (*Fatalità*) della Negri ed entrambe portano alla tradizione poetica nuovi oggetti, le cose solite. Ma il percorso della Negri troverà nell'adesione al Mistero d'amore cristiano un sofferto e ragionevole compimento, mentre le «visioni» pascoliane – costruite da un «fanciullino» nutrito di positivismo spenceriano – sfoceranno in una metafisica alta e desolata. Al poeta di Castelvecchio, scrive Ada Negri, non «ho mai mandato nulla di mio. Naturalmente non ho cercato mai di conoscerlo». Al contrario di D'Annunzio.

cui si consegnava, fragile ma certa, la speranza del futuro». Probabilmente, Ada Negri ha «meritato» l'oblio presente poiché tutto il suo itinerario si è svolto al contrario di quello «sentito» da Pascoli nella letteratura «nuova»: non è approdata al nichilismo gnoseologico, volontaristicamente umanitario oggi largamente in voga (e, per il fatto stesso d'essere in voga, mutatosi da nichilismo tragico alla Michelstaedter in nichilismo dolce) – anzi, semmai da esso è partita per giungere alla coscienza di un *eterno* che batte ed entra in ogni attimo del tempo, di un «fondo dell'essere» da cui proviene la sofferta bellezza del vivere e quindi il dono di un'eterna giovinezza.

Realtà e passione

Cresciuta in una cerchia di parenti «tutti poveri, tutti pazzi per la musica e le cose belle», la giovane Ada concepì spontaneamente la sua opera come momento di condivisione e di rabbia per la situazione sociale e di compassione per la grande fatica umana vista nella madre vedova e operaia e nei lanifici della zona. Il temperamento così impulsivo e ribelle si nota anche nel tipo di rapporto che la Negri mantenne, misto di disapprovazione e di vicinanza, con il fratello Nani, che consumò in pochi anni una vita da bohémien di provincia tranciata da una dolorosa malattia. Si guadagnò così il soprannome, con cui divenne famosa, di «vergine rossa»: la sua prima raccolta (*Fatalità* del 1892) ebbe, infatti, grandissima popolarità e la ribelle poetessa ventenne dalle umili origini divenne un simbolo per la pubblicistica socialista e una sorpresa per la schiera dei critici che subito si divise. Anche le successive frequentazioni con i circoli socialisti e anarchici di Milano, dove si trasferì dopo il successo e grazie a un premio e dove conobbe Anna Kuliscioff e Turati, esprimevano, al pari delle visite che svolgeva spesso agli ammalati anche all'apice della fama, l'innata passione per una vita concretamente più umana, più giusta e più buona.

Lo stesso Gramsci, leggendo e annotando in carcere nel '27 uno studio dello Scherillo sulla poetessa, osserva che su di lei «bisognerebbe fare uno studio storico-critico». Per lui la Negri «pare rappresenti l'ala estrema del romanticismo del '48»: il popolo è guardato come popolo decaduto a proletariato e «non per i germi di originale ricostruzione che contiene in sé». E aveva ragione; nulla, infatti, è così lontano dal fervore negriano come la coscienza della lotta di classe. E per lei non si trattava – al di là di accenti dettati da enfasi giovanile – nemmeno di creare, come qualcuno dei suoi detrattori ha scritto, degli «operai superuomini».

Più tardi, Ada Negri considerò «un abbaglio» quel periodo giovanile in cui la poesia le parve anzitutto missione sociale. L'abbaglio riguardò l'uso della poesia, non la passione per la giustizia. Il suo «socialismo» si rivelò qual era, un umanesimo cristiano, una compassione e non ideologia: comunque rimase immutata la caratteristica di un'arte della parola che non nasce da un'intuizione pura, ma dalle provocazioni e dagli scoscendimenti della realtà circostante.

Una strana vicenda

La critica, abbiamo detto, si divise subito. La parte dei detrattori si è messa a distinguere nella poesia della Negri due diverse fasi: la prima, fino alla raccolta *Tempeste* (1895) risulta ai loro occhi animata da una spontanea vena di passione sociale e però farraginosa nei risultati stilistici; la seconda, che da *Maternità* (1904) culmina con *Fons Amoris* (pubblicato postumo nel 1946), sarebbe invece tessuta su una serie di temi e di soluzioni contraddittorie rispetto agli esordi, a causa di quel che Serra chiamò «un accomodamento» stilistico, segno di un accomodamento politico ed esistenziale. Croce accusò le sue prime raccolte dei due difetti che agli occhi del teorico dell'autonomia dell'arte come «pura intuizione» rappresentavano i peggiori tra i vizi: l'arte piegata a missione e quindi la scarsa obbedienza all'imperativo categorico di far «opera bella». Non s'accorgeva, il filosofo la cui influenza avrebbe segnato il destino critico di Ada Negri, che quell'imperativo non interessava alla giovane poetessa. Non per far «opera bella» aveva seguito l'impulso a scrivere.

Anche Momigliano, che pur nel complesso salva il valore della Negri, ne indicò il periodo giovanile come «insignificante nei risultati artistici». Eppure il Flora, pur riconoscendo che «il contenuto non placava la sua baldanza nella catarsi vera del canto», ammetteva che questa giovane dalle «sembianze ora di valchiria ora di gitana» fu la prima «capace di far sentire i nuovi tempi senza ricorrere ai classici», in un periodo in cui era diffusa una poesia ove si trovava «l'accento di Poliziano prestato a Marx». Alla Negri, scrive Flora nel '40, va «un posto che nessuna donna ebbe mai nella nostra letteratura», poiché «fu la prima autrice che ci indicò il senso di quelle strane solitudini in mezzo alle quali ferve la vita furiosa delle fabbriche, la prima che sentì la poesia degli edifici dalle ciminiere scabre e nude».

Ma già nel '13, quando la presunta «svolta» nella poesia di Ada Negri era da poco avvenuta, Renato Serra, in quelle *Lettere* che insieme al suo *Esame di coscienza di un letterato* hanno tracciato per molti decenni i binari su cui si è mossa gran parte della nostra critica letteraria, condanna in Ada Negri un che di «posticcio», una serie di «imitazioni disparate». «Non discutiamo del suo passato» scrive Serra, ma la accusa di aver perso «quell'impeto giovanile e quella sorta di melodia zingaresca che dava talora un accento strano alle sue cose banali; come certe parole di donna, che son così comuni e che ci turbano.»

Fermato tragicamente dalla guerra, il «lettore di provincia» non poté vedere gli sviluppi della poesia di Ada Negri. Il successo di pubblico e di critica, la messe di riconoscimenti ufficiali tributati da circoli letterari (tra cui i plausi del Romagnoli, di Maria Sticco, di Marinetti) e dal governo, fino all'onore esclusivo d'essere l'unica donna chiamata a far parte dell'Accademia d'Italia, ne fecero una donna simbolo a cui, specie negli ultimi anni turbati dalla guerra e dalle lotte civili, molti e soprattutto molte donne guardavano. Probabilmente tale ascesa fino a essere identificata con la poetessa ufficiale del governo fascista (a prefazione del romanzo autobiografico *Stella mattutina* figurava un articolo che Mussolini le dedicò nel '21) ha contribuito non poco ad alienarle le simpatie della critica e dell'intellighenzia degli anni successivi al crollo del fascismo,[3] anche se è interessante vedere che non mancarono critiche anche aspre rivoltele in occasioni culturali pubbliche del Partito. Ma basterebbe leggere le lettere e gli appunti della poetessa durante il suo periodo d'oro, e soprattutto durante la guerra che vide il rovesciamento delle Istituzioni che la celebrarono, per notare quale fosse il suo distacco dagli onori e dall'ideologia e quale invece la commozione sincera per i patimenti della gente, a qualunque ideologia appartenesse.

Ada Negri non era iscritta al partito fascista, lo fu «d'ufficio» al momento dell'ingresso nell'Accademia, quando era già al culmine della notorietà. Mentre intratteneva rapporti col Duce, non mancava di dolersi sinceramente per la desola-

[3] È importante al proposito ricordare, più che le chiacchiere circa un presunto flirt tra la poetessa e il futuro Duce, il fatto che la Negri conobbe Mussolini al tempo in cui egli dirigeva «Il Popolo d'Italia», organo di stampa socialista. Dai documenti (lettere e telegrammi) risulta chiaro che al Duce la Negri era legata per una stima al tentativo di crescita sociale che per moltissimi italiani era incarnato dal primo Mussolini. Di certo, al Duce si rivolge con messaggi di amicale cordoglio per la perdita del figlio in guerra, per semplici saluti di passaggio da Roma e, significativamente, ricordando le chiacchierate «milanesi». «C'erano motivi intimi, oltre al calore del tempo – scrive Mussolini nella sua recensione a *Stella mattutina* – Il socialismo è stato per la Negri poetica, come per me, ad esempio, un'esperienza politica.» A una volontà precisa di Mussolini va ricondotta la decisione di ammettere Ada Negri nella Accademia d'Italia. Del Duce la Negri diceva: «Lo vedo solo, fra una massa di gente che ha perduto la testa...».

ta fine di Anna Kuliscioff, di esprimere apprezzamenti per don Mazzolari e di essere chiamata «nostra cara e grande Ada» nelle lettere che le inviava l'amico avvocato Gonzales, uno dei leader dell'opposizione al tempo dell'omicidio Matteotti.

«Della mancata eccellenza» scrive allo scioglimento dell'Accademia «non m'importa proprio niente. Come non ho mai dato peso al possesso del titolo, così non ne do alcuno alla sua soppressione...»[4] E a un'amica: «Che vuoi che faccia un povero poeta in momenti come questi, mentre tutto il mondo impazzisce?». E altrove: «Sono ferita da tutte le parti, e faccio come le bestie, anzi le belve, che si nascondono a leccarsi le piaghe nel covo. Non abbiamo ancor finito di piangere. Pur che Dio salvi l'Italia dal nemico, e nell'interno calmi gli spiriti...».

Ma, come abbiamo detto, non bastano motivi di sola natura ideologica e politica per giustificare la strana vicenda di Ada Negri, passata dalla grande popolarità alla «censura». C'è qualcosa, nello sguardo che la sua poesia comunica, di segno opposto a quanto baluginava nello sguardo dei «maestri» del suo tempo – basti pensare agli esiti di D'Annunzio, al desolato e fosforescente senso del nulla del suo *Libro segreto*, che conclude quella «disposizione nichilista» che la miglior critica dannunziana ravvisa «alle radici stesse della sua esaltazione della vita».

La scomparsa di Ada Negri, dunque, non è imputabile nemmeno a quel generico mutamento del gusto a cui si fanno risalire – come a una imparziale giuria – fortune e sfortune di autori del passato. Il «gusto», infatti, muta di conseguenza ad altri mutamenti, è frutto di omissioni e di pre-giudizi che ne precedono i passaggi.

[4] Del resto si era diffusamente lamentata per l'onere che l'onore aveva portato nella sua vita stanca, specialmente quel «vuoto andare e venire» da Milano a Roma e quelle «solenni sedute che sembran giochi di ragazzi senza costrutto».

L'urgenza e l'opera

L'opera, vasta e diseguale, di Ada Negri procede sempre spinta da un'urgenza: esprimere la vita che ella sente urgere dentro e intorno a sé. C'è qualcosa di «reboriano» in tale urgenza; ma si tratta di una energia meno intellettualizzata e certo anche meno raffinata rispetto a quanto emerge nel poeta dei *Frammenti lirici*. È comunque un'urgenza che la rende infaticabile nell'opera, che usa di mille e mille spunti autobiografici da trasfigurare nei versi e nelle prose.

Il periodo '21-'30 (da *Stella mattutina* a *Vespertina*) è di straordinaria prolificità. È il periodo in cui la Negri si riavvicina alla fede cattolica[5] e in cui, ormai sessantenne, riguarda la propria vita segnata dalla difficile infanzia (il padre, un allegro disgraziato, era morto un anno dopo la sua nascita, nel 1871), da una madre lavoratrice e sensibile che la poetessa riconobbe sempre come «maestra di stile» («più che i libri e meglio di essi») e a cui fu legatissima, dalla giovanile rabbia sociale, da un amore sfortunato per un ingegnere che restò in America e non tornò più da lei che pur gli si era fidanzata (ne reca forti segni la raccolta *Tempeste*), da un matrimonio sbagliato e da una separazione consolati solo dalla nascita dei figli, da altri innamoramenti (come quello, intenso e tragico, oggetto del popolarissimo e passionale *Libro di Mara* del '19) e dalla condivisione mai rifiutata delle difficoltà di amici e anche di estranei che a lei si rivolgevano.

Ripercorrendo la sua biografia, ci si accorge che quella di Ada Negri è una di quelle vite stracariche, spossanti, sempre dedite a qualcosa di misterioso che negli anni viene scoperto, ma che da subito sembra esigere da certi spiriti una passione incondizionata. Ciò che lega in unità profonda tutta l'opera

[5] «Tardi sono giunta alla piena rivelazione di Dio e all'assoluto abbandono in Lui; ma non l'ho mai misconosciuto né tradito, così nello spirito come nell'anima», scrisse la Negri in vecchiaia. Vero è che il parroco della giovane poetessa, quando ne fu richiesto dagli organizzatori di un importante premio letterario, diede per lettera informazioni rassicuranti sulla sua fede e i suoi principi.

della Negri è, infatti, la passione d'amore che essa esprime. Il suo itinerario poetico e umano è tutto nel tentativo di dar voce poeticamente all'energia d'amore che muove la vita.

In *Fatalità* tale passione si esprime in una contrapposizione tra il sentimento della propria personalità, del proprio anelito al bello, al giusto e al vero e un mondo di fatica e di ingiustizia che sembra negare qualsiasi prospettiva a tale anelito.

In *Tempeste* il motivo autobiografico dell'amore tradito esalta la presa di coscienza della propria individualità orgogliosa e pur ferita. L'amore, nell'aspetto di mancato compimento della femminilità, dimostra tutta la sua necessità. L'esperienza che dà luogo a *Maternità* ha spogliato la Negri di ogni possibile inganno intorno all'amore umano: la donna percepisce nel diventar madre un particolare ultrasuono dell'esperienza amorosa. La madre è un essere colmo e pur povero: dona la vita ma essa non le appartiene. Dal punto di vista della maternità, tutto il problema di cosa sia l'amore vero e con che energia esso muova la vita riceve un chiarimento fondamentale.

Le due raccolte che la Negri compone negli anni tra il '10 e il '14 (*Dal profondo* ed *Esilio*), trasferitasi con la figlia in Svizzera, rappresentano un momento di ripiegamento. Nostalgia e un diffuso clima di pianto testimoniano di un difficile adattamento della ex-vergine rossa a una vita che non risponde a come se l'era immaginata. In questi anni, perciò, si fa più urgente «comprendere» la vita, afferrarne il significato.

L'appassionato e popolarissimo *Libro di Mara* (1919) fu come un fiotto di poesia amorosa e tesissima, che non solo fu considerato da Maria Sticco «il più appassionato canzoniere d'amore scritto da poetessa italiana» e da Croce «una delle opere tipiche, fra le più importanti, della letteratura femminile», ma rappresentò per l'autrice un atto con cui dar forma (e infine quiete) a un dramma affettivo che sentiva ingombrante. Il nome stesso della protagonista è ricavato da un vocabolo biblico che significa «Amareggiata». Ci fu chi vi intravide accenti alla Saffo, o alla Whitman e chi lo ricollegò alla poesia del Cantico dei Cantici. Si noti, leggendo il testo incluso in questa antologia, «Il muro», che diversa soluzione esistenziale la poetessa propone rispetto a Pascoli e a Montale usando una metafora cara anche ai due «grandi»: qui non vien meno la lena, l'ascolto e la tensione ad incontrare ciò di cui, di là dal muro, s'ode il passo; guardando invece il muro nel «Meriggio» montaliano resta solo la cruda condanna di separatezza di «cocci aguzzi di bottiglia» in cima, o nella «Nebbia» dei *Canti di Castelvecchio*, la richiesta che il muro ripari e separi l'io dalla realtà.

Significativamente, dopo *Il libro di Mara* viene il volume in prosa *Stella mattutina* (1921) in cui la poetessa ripercorre la «storia interiore» della sua vita «dai 7 ai 17 anni». È una ricapitolazione, con al centro la figura materna, in occasione del ritorno in patria. Flora avvicinò queste pagine al valore di quelle autobiografiche di Tolstoj. Uno dei più accesi critici, il «crociano» Mattalia, vede nelle prose della Negri una sorta di «verismo parnassiano». Lo stesso ricorso a una definizione come questa, ossimorica, mostra che lo stile della Negri, anche agli occhi dei lettori meno benevoli, aveva un che di originale, capace di larga penetrazione degli animi e di un equilibrio non ottenuto «letterariamente». Il libro, come detto, ebbe enorme successo. Così, nei successivi *Canti dell'isola* (1924) scritti dopo una permanenza a Capri, l'energia migliore, la parte più vitale della poetessa ricompaiono. Il Romagnoli vede che «la parola scritta è quasi palesemente confinata al suo ufficio di simbolo grafico. Suona e subito trascende...». Nella riduzione semplicistica del critico avvertiamo comunque la sorpresa di veder nuova linfa irrorare l'opera di una poetessa che sembrava aver già dato il meglio.

Ancora sono forse troppo visibili «tante once di D'Annunzio, tante di Pascoli, tante di futurismo» ammette il Romagnoli, ma, aggiunge, saper la composizione di un buon vino nulla toglie al suo gusto.

Ada Negri scrive intanto anche molte prose. Nel 1930 torna a pubblicare poesie. Ed è la raccolta della raggiunta maturità: *Vespertina*, ove svetta come capolavoro quel «Pensiero d'autunno» che sembra convocare a un andamento leopardiano la forza semplice di un senso religioso dell'esistenza. In questa breve raccolta, la Negri riconosce nell'amore il senso dell'opera sua e nella umile domanda al Signore la maggior dignità del suo vigore. A sessant'anni la poetessa raggiunge il culmine della popolarità e del successo, proprio mentre tutto ciò perde del tutto valore ai suoi occhi, e, ritirandosi dalle apparizioni pubbliche, si concentra sulla vita di alcune sante: S. Caterina, S. Teresa di Lisieux.[6]

Nelle successive poesie de *Il dono* si comunica l'avvenuta comprensione di quale sia la legge profonda dell'esistenza. Ma è una scoperta che non dà pace, anzi rinforza le inquietudini, i rimorsi, le domande. Dio si presenta in questi testi – così come in «La verità» nella raccolta successiva, *Fons Amoris* – non già come una «soluzione», ma come il Tu al cui cospetto l'io avverte la vita tesa in un dramma sempre nuovo. Il dono della vita è una responsabilità insostenibile: solo la scoperta di un volto buono nel Mistero la rende leggibile nel senso di un bene. Nel testo «Atto d'amore», allorché la poetessa afferma che «tutto fu bene, anche il mio male», centra in pieno il problema posto alla modernità da Baudelaire e da Pascoli, tra gli altri.[7]

[6] Lo scritto *Oltre*, comparso postumo, è un abbozzo di uno studio più ampio che la poetessa intendeva dedicare a S. Teresa di Lisieux, che risulta, se così si può dire, la preferita. In particolare, Ada Negri, in una lettera a P. Giulio Barsotti, ricorda l'episodio della vita della santa in cui si narra che ella, già minata dal male, a chi la rimproverava per essersi alzata a camminar faticosamente rispose: «Cammino per un missionario». La poetessa è colpita da questo segno di sacrificio e d'amore e vuole lasciare memorabile quell'immagine.

[7] Nello sguardo «doppio» o «vedovo» del Pascoli (su cui ci siamo soffermati in un saggio pubblicato sulla «Rivista pascoliana», 3-1991) la dialettica bene/male, vita/morte agisce, infatti, come dualità insanabile. Nei suoi studi danteschi, Pascoli ammira il poeta della *Divina Commedia* per la «conversione» che in essa si attua da morte a vita. Analogamente a quanto afferma su Dante, Pascoli *non vuole far poesia,*

La raccolta postuma *Fons Amoris* (uscita nel '46) è il vivo testamento, la sigla umile e potente di una poesia che ha scavato se stessa e il proprio materiale fino all'essenziale. Il capolavoro «Mia giovinezza» con battito quasi dantesco e concreto immaginare lombardo segna non tanto la chiusura di un ciclo, ma, nella scoperta che la trama del tempo è l'eterno, riconosce nella vita una possibile immarcescibile giovinezza. Il che è da sempre lo scopo della poesia e di ogni opera veramente umana.

DAVIDE RONDONI

ma essere vitale. La forza di Dante, dice Pascoli, sta tutta nella sua «visione», cioè nel «veder vita attraverso la morte». Al di là di intenti enfatici, non ha visto male chi ha parlato dell'opera di Ada Negri come di una «piccola Divina Commedia».

Anche Baudelaire, che come nota uno dei suoi traduttori italiani è tornato alla ribalta mentre la poesia novecentesca riscopriva Dante anche attraverso Pound ed Eliot, nel suo titanico e commovente tentativo di trarre *fiori* dal *male*, cerca di rompere il regime di dualismo irriducibile a cui sembra condannata l'esistenza umana, nelle opposizioni (che egli esalta e patisce) tra beltà e dispersione, tempo e felicità, energia vitale e decadenza. Baudelaire, in sintesi, cerca di ritrovare una dimensione *drammatica* dell'esistenza contro l'affermarsi, nell'era del positivismo umanistico e scientista, di una visione coerentemente tragica e dualistica.

CRONOLOGIA

1870 Vittorio Emanuele II, di fronte al rifiuto di Pio IX di lasciarsi spogliare del potere temporale, ordina al generale Raffaele Cadorna di iniziare l'occupazione del Lazio.

20 settembre – Breccia di Porta Pia.

1871 La legge delle Guarentigie garantisce al papa il libero esercizio delle sue funzioni quale capo della Chiesa cattolica, riconosce la extraterritorialità dei palazzi del Vaticano, del Laterano e della villa di Castel Gandolfo, accorda al papa onori sovrani e una dotazione annua analoga a quella iscritta fino ad allora sul bilancio dello Stato Pontificio, abolisce inoltre tutta la vecchia legislazione sulla giurisdizione che lo Stato voleva esercitare tradizionalmente sul clero.

Luglio – Insediamento del governo italiano in Roma capitale.

Grande ripercussione destano le teorie evoluzionistiche dell'inglese Charles Darwin. Il positivismo assume atteggiamenti antireligiosi accentuatamente materialistici. Vengono sviluppate le ideologie politiche della socialdemocrazia tedesca. Karl Marx nel Capitale *enuncerà la trasformazione socialista dell'economia.*
Al Parlamento italiano è al governo la Destra con i continuatori dell'opera di Camillo Cavour come Ricasoli, Minghetti, Lanza, Sella e altri. La Sinistra è all'opposizione con i capi del Partito d'Azione risorgimentale come Francesco Crispi, Benedetto Cairoli, Giovanni Nicòtera.

1872 Muore a Pisa Giuseppe Mazzini.

1873

1874 Tentativi insurrezionali in Romagna, Puglia e Toscana dovuti alla dura politica fiscale e alla rigidezza dei sistemi di governo della Destra.

Il decreto *Non expedit* di Pio IX proibisce ai cattolici italiani di partecipare alla vita politica.

1876 Va al governo la Sinistra con Agostino Depretis che, non volendo deludere le aspirazioni popolari e nello stesso tempo accontentare gli strati borghesi, inizia una politica di opportunismo (Trasformismo).

La vita e le opere di Ada Negri	La vita letteraria e artistica
3 febbraio – Nasce a Lodi Ada Negri da Vittoria Cornalba e Giuseppe Negri.	
Muore il padre di febbre tifoidea alla Ca' Granda (Ospedale Maggiore di Milano).	Giovanni Verga pubblica il romanzo epistolare *Storia di una capinera*. Francesco De Sanctis pubblica la *Storia della letteratura italiana* (1870-1871). *Juvenilia* e *Levia Gravia*, raccolte poetiche di Giosuè Carducci.
	Luigi Capuana pubblica l'opera saggistica *Teatro italiano contemporaneo*, manifesto del Verismo.
	Muore Alessandro Manzoni.
	Nedda di Giovanni Verga.

1877 Una grande inchiesta agraria diretta da Stefano Iacini giunge a dare un quadro esatto e approfondito della situazione contadina.

1878 Muore re Vittorio Emanuele II.

Il governo italiano presieduto da Benedetto Cairoli esce deluso dal Congresso di Berlino non riuscendo a ottenere alcun lembo delle terre irredente in compenso dell'occupazione austriaca della Bosnia-Erzegovina.

1879 Legge Coppino sull'istruzione elementare obbligatoria e gratuita.

1880 Riforma fiscale con l'abolizione dell'imposta sul macinato; ma una serie di imposte di consumo continua a far pesare sui meno abbienti il carico fiscale del paese. Le agitazioni irredentiste per Trento e Trieste si trasformano in manifestazioni repubblicane. Il movimento socialista cresce.

Dimissioni di Cairoli.

Formazione di un partito operaio indipendente a carattere legalitario che avrà vita travagliata fino all'ordine di scioglimento nel 1886.

1881 La Francia si insedia a Tunisi dando un grave colpo agli interessi economici che avevano creato in Tunisia attivi nuclei di lavoratori italiani, specialmente siciliani.

1882 Muore all'isola di Caprera Giuseppe Garibaldi.

Riforma elettorale. Acquistano diritto di voto la media e la piccola borghesia, mentre restano escluse le grandi masse operaie delle campagne e delle città. Il numero degli elettori si allarga così da mezzo milione a tre milioni.

Viene stipulato il Trattato della Triplice Alleanza tra Germania, Austria e Italia che condizionerà la politica estera italiana fino al 1915.

La vita e le opere di Ada Negri	La vita letteraria e artistica
	Prima edizione delle *Odi barbare* di Giosuè Carducci: temi di amore e di morte proposti secondo la forma classica, presentata modestamente come «barbara».
	Primo vere del giovanissimo Gabriele D'Annunzio.
Ada Negri è iscritta alla Scuola Normale Femminile di Lodi.	*Malombra* di Antonio Fogazzaro, romanzo in cui domina l'atmosfera magica di un romanticismo misterioso. G. Verga pubblica *I Malavoglia*.
	Canto novo è la rivelazione di G. D'Annunzio poeta. Edmondo De Amicis pubblica la raccolta delle sue *Poesie*.

La vita politica e sociale

1883

1884

1885 In seguito all'espansione inglese in Africa orientale, l'Italia occupa Massaua e si scontra con l'imperatore di Abissinia.

1886

1887 Disfatta di Dogali.

Francesco Crispi è nominato presidente del Consiglio alla morte di Depretis, perseguendo una politica di ferrea opposizione a ogni innovazione sociale.

1888

1889 Dopo la fine della I Internazionale, i partiti socialisti ricostituiscono una II Internazionale che avrà in genere indirizzo accentuatamente marxista. Uno dei primi obbiettivi sarà la conquista della giornata lavorativa di otto ore.

Promulgazione del Codice penale Zanardelli per cui l'Italia precorre ogni altra nazione civile nell'abolizione della pena di morte.

Trattato di Uccialli che riconosce la costituzione della colonia italiana di Eritrea.

La vita e le opere di Ada Negri	La vita letteraria e artistica
	Esce il libro *Pinocchio* di Carlo Collodi dopo l'entusiasmo con cui era stato seguito a puntate sul «Giornale per i bambini» di Firenze.
	Viene rappresentata per la prima volta la *Cavalleria rusticana* di G. Verga.
Muore la nonna materna di Peppina Panni, portinaia di palazzo Cingia-Barni, presso cui avevano sempre abitato lei e la madre.	
	Esce *Cuore*.
Consegue l'attestato di maestra elementare.	*Rime nuove* di G. Carducci. Va in scena alla Scala l'*Otello* di G. Verdi con libretto di A. Boito.
È insegnante interna al Collegio Femminile di Codogno. Appare sul giornale «Il Fanfulla da Lodi» la poesia *Monaca* a firma di Ada Negri. 1888-1889 – Primo anno di insegnamento alle Scuole Elementari di Motta Visconti.	
Vittoria Cornalba lascia lo stabilimento di tessitura e raggiunge la figlia a Motta Visconti.	G. D'Annunzio pubblica *Il piacere* e *Il trionfo della morte*. Il *Mastro don Gesualdo* di G. Verga.

1890

1891 L'enciclica *Rerum novarum* del pontefice Leone XIII esorta i cattolici ad accettare le innovazioni sociali moderne e ad intraprendere un'opera di riorganizzazione delle classi lavoratrici.

1892 Primo governo Giolitti (1892-94) e fondazione a Genova del Partito Socialista dei Lavoratori Italiani, promotore Filippo Turati, che si separa nettamente dagli elementi anarchici.

1893 Scoppia la rivolta delle organizzazioni operaie siciliane che si riuniscono nei Fasci Siciliani.

1894 Pronta repressione col secondo governo Crispi (1894-96).

Il Partito Socialista è dichiarato illegale e la polizia si muove contro le Camere del Lavoro e gli organizzatori sindacali.

1895 Guerra italo-abissina (1895-96).

Si assiste ai primi esperimenti della telegrafia senza fili (radiotelegrafia) di Guglielmo Marconi.

La vita e le opere di Ada Negri	La vita letteraria e artistica
Esce sull'«Illustrazione popolare», la più qualificata pubblicazione letteraria di quel periodo, la poesia *Gelosia*.	*L'Isotteo* e *La Chimera* di G. D'Annunzio.
La scrittrice Sofia Bisi Albini scrive sul «Corriere della Sera» un articolo sulla poesia «impressionistica» di Ada Negri.	Giovanni Pascoli pubblica la prima raccolta di poesie *Myricae*.
Per interessamento del critico Raffaello Barbiera, vede la luce il primo volume di liriche *Fatalità*, Editori Fratelli Treves, presentazione di Sofia Bisi Albini. Decreto del ministro all'Istruzione Pubblica Zanardelli con il quale è abilitata all'insegnamento superiore. Lascia Motta Visconti. 1892-1893 – Primo anno di docenza presso la Scuola Normale «Gaetana Agnesi» di Milano, dove si era trasferita.	Esce di Italo Svevo il romanzo *Una vita*, *Giovanni Episcopo* di G. D'Annunzio e, alla fine dello stesso anno, *L'Innocente*. Va in scena al Teatro Dal Verme di Milano l'opera *I pagliacci* di R. Leoncavallo.
	Il *Poema paradisiaco* di G. D'Annunzio. L'opera lirica *Falstaff* di G. Verdi viene rappresentata alla Scala.
Le viene assegnato il Premio «Giannina Milli» da una giuria composta da Isidoro Del Lungo, Alessandro d'Ancona e Marco Tabarrini.	Cesare Pascarella pubblica cinquanta sonetti burleschi dal titolo *La scoperta dell'America*.
Appare la seconda raccolta di liriche *Tempeste*.	Adolfo De Bosis fonda il periodico di gusto decadente «Il Convito» (1895-1907). A. Fogazzaro pubblica *Piccolo mondo antico*.

	La vita politica e sociale
1896	Pace di Addis Abeba e liberazione dei prigionieri italiani della disfatta di Adua.
1897	
1898	Tumulti si verificano in varie parti dell'Italia anche per il pesante rincaro alimentare provocato dalla guerra scoppiata tra gli Stati Uniti e la Spagna. Rivolta popolare a Milano e repressione del generale Bava Beccaris. «Leggi eccezionali» dal gabinetto Pelloux. Anna Kuliscioff, coinvolta nella repressione antisocialista, è condannata a due anni di reclusione. Fino alla fine Ada Negri le sarà legata da duraturo affetto.
1900	Umberto I è ucciso a Monza da un anarchico. Vittorio Emanuele III è re d'Italia.
1901	Istituzione di un Commissariato per l'Emigrazione a tutela degli emigrati.
1902	
1903	Secondo governo Giolitti. Durante la sua lunga azione di governo si ha una molteplice attività legislativa nel campo sociale (invalidità e vecchiaia, riposo festivo, infortuni, lavoro delle donne e dei fanciulli, incremento delle cooperative, case popolari, legittimità dello sciopero ecc.).

La vita e le opere di Ada Negri	La vita letteraria e artistica
Matrimonio di Ada Negri con Giovanni Garlanda, industriale laniero biellese.	Emilio Salgari inizia con *I pirati della Malesia* i suoi cicli di romanzi avventurosi. *Le vergini delle rocce*, di G. D'Annunzio.
	G. Pascoli, *Pensieri sull'arte poetica (Il fanciullino); Primi poemetti.* *Rime e ritmi* di G. Carducci.
Nasce ai coniugi Ada e Giovanni Garlanda in Valmosso la figlia Bianca.	*Letteratura d'eccezione*, saggio di Vittorio Pica che disserta sul difficile rapporto tra un'arte aristocratica e un'arte che rispecchia il nuovo assetto della società democratica e industriale. *Senilità* di I. Svevo.
Nascita e morte, dopo appena un mese, della secondogenita Vittoria.	*Come le foglie* di Giuseppe Giacosa è rappresentato per la prima volta al Teatro Manzoni di Milano. È pubblicato *Il fuoco* di G. D'Annunzio.
	Piccolo mondo moderno di A. Fogazzaro.
	Il marchese di Roccaverdina di L. Capuana. *Estetica* di Benedetto Croce.
Muore a trentacinque anni il fratello Annibale Negri in una corsia dell'ospedale Ca' Granda.	*Elias Portolus* di G. Deledda. *Canti di Castelvecchio* di G. Pascoli. Corrado Govoni pubblica la rac-

Enciclica *Pascendi* di Pio X contro il modernismo.

1904 Il papa toglie il divieto di partecipare alle elezioni, permettendo l'ingresso in parlamento dei primi uomini politici di parte cattolica.

1905

1906 Traforo del Sempione che unisce l'Italia alla Svizzera.

Nasce l'organo supremo dell'organizzazione operaia, la Confederazione Generale del Lavoro, cui si contrappone, da parte degli industriali, la Confederazione dell'Industria.

1907

1908 I sindacalisti rivoluzionari indicono grandi scioperi agrari nel Parmense, ma finiranno espulsi dal Partito Socialista.

La Camera discute sull'insegnamento religioso e sui rapporti con la Chiesa.

Terremoto a Messina.

1909

1910

La vita e le opere di Ada Negri	La vita letteraria e artistica
	colta di poesie *Le fiale* seguita da *Armonia in grigio et in silenzio*, esempi di poesia crepuscolare. B. Croce fonda «La Critica».
Compare il terzo volume di poesie *Maternità*.	*Il fu Mattia Pascal*, romanzo di L. Pirandello.
	Il Santo di A. Fogazzaro.
	A G. Carducci è assegnato il premio Nobel per la letteratura.
	Muore a Bologna G. Carducci.
Quale collaboratore del «Corriere della Sera» è inviata a Messina per un servizio speciale sul terremoto.	Giuseppe Prezzolini e Giovanni Papini fondano «La Voce».
	Filippo Tommaso Marinetti pubblica il *Manifesto del futurismo* sul quotidiano parigino «Figaro».
Esce *Dal profondo*.	*Lelia* di A. Fogazzaro conclude la quadrilogia iniziata con *Piccolo mondo antico*. G. D'Annunzio pubblica *Forse che sì forse che no*. G.A. Borghese scrive un articolo sulla «Stampa» che reca il titolo di *Poesia crepuscolare*, riferito a Marino Moretti, Fausto Maria Martini e Carlo Chiaves.

1911	Guerra italo-turca e annessione della Libia (1911-12). Suffragio universale per gli uomini al di sopra dei ventun anni. Al Congresso di Reggio Emilia i riformisti (Bissolati, Bonomi ecc.) sono espulsi dal Partito Socialista. Celebrazioni per il cinquantennio del Regno d'Italia.
1912	
1913	Patto Gentiloni: Giolitti si avvale della alleanza con i cattolici. *È il periodo in cui si accentuano le migrazioni.* *La crescita demografica muove l'economia.* *L'industria ha continuato il processo di espansione iniziato sul cadere del secolo XIX e il numero dei lavoratori occupati si avvicina ai 4 milioni. La mancanza di carbone che affliggeva l'industria italiana ora è in parte vinta dalle installazioni idroelettriche nelle quali l'Italia detiene il primato mondiale. Accanto alle tradizionali industrie tessili della seta, della lana di Schio, Biella, Prato, dei cotonifici lombardi e napoletani si è sviluppata fortemente l'industria siderurgica e meccanica. Con le nuove esigenze dettate dall'economia mondiale, si fa perciò più acuto il conflitto tra i vari imperialismi che si contendono il mondo. Cominciano a sorgere, in questo contesto, i partiti nazionalisti.*
1914	Il tracollo della Turchia, innescato dall'Italia, scatena una serie di conflitti armati nei paesi balcanici che hanno per risultato la dichiarazione di guerra dell'Austria alla Serbia (28 luglio). Il gesto austriaco mette in moto la macchina degli accordi internazionali e la guerra si espande con il carattere di un gigantesco conflitto mondiale.

La vita e le opere di Ada Negri	La vita letteraria e artistica
	Orazione del Pascoli: *La grande proletaria si è mossa*. Escono le *Poesie* di Umberto Saba. Muore A. Fogazzaro.
	Muore G. Pascoli. *Canne al vento* di Grazia Deledda. G. Papini e Ardengo Soffici fondano «Lacerba», organo del futurismo. Clemente Rebora pubblica i *Frammenti lirici*.
Separazione dal marito e trasferimento a Zurigo con la figlia Bianca.	
Esce *Esilio*.	Escono, di Dino Campana, i *Canti orfici*.

La vita politica e sociale

1915	L'Italia entra in guerra contro gli imperi dell'Europa centrale (24 maggio). Affondamento del Lusitania.
1916	
1917	Gli Stati Uniti, sotto la presidenza Wilson, entrano in guerra a fianco di Inghilterra, Francia, Italia. Date le enormi esigenze di produzione degli armamenti, di approvvigionamento di milioni di combattenti, lo stato si trova nella necessità di porre sotto controllo l'intera vita del paese, sospendendo le libertà civili. La situazione bellica crea una serie di fenomeni economico-sociali di grandi proporzioni che esasperano da una parte i nazionalismi e dall'altra i movimenti socialisti. Crollo della Russia. Rivoluzione bolscevica. Disfatta di Caporetto
1918	Fine della guerra.
1919	Gennaio – Don Luigi Sturzo fonda il Partito Popolare. Alla Conferenza per la pace di Parigi, il presidente americano Wilson propone la creazione di una Società delle Nazioni che garantisca la pacifica convivenza tra i popoli. Col trattato di San Germano l'Italia annette il Trentino, l'Alto Adige, Trieste e l'Istria. Benito Mussolini fonda a Milano i fasci di combattimento. Gabriele D'Annunzio si insedia a Fiume con i suoi legionari. III Internazionale

La vita e le opere di Ada Negri	La vita letteraria e artistica
	Renato Serra, *Esame di coscienza di un letterato*.
Torna definitivamente a Milano e inizia una intensa attività a sostegno dei combattenti e di assistenza dei feriti. Orazione in morte di Luigi Maino, giurista e deputato socialista.	Di Giuseppe Ungaretti, *Il porto sepolto*, prima raccolta.
Pubblica il volume di racconti *Le solitarie*, che viene accolto con successo.	
Pubblicate le *Orazioni*.	Tasca, Togliatti e Terracini fondano a Torino «L'Ordine Nuovo».
Sempre per i tipi di Treves esce *Il Libro di Mara*. Morte della madre Vittoria Cornalba.	Esce a Roma la rivista «La Ronda» (1919-1923).

La vita politica e sociale

1920 Adolf Hitler fonda il Partito Nazional-socialista.

Giolitti ritorna capo del governo e si hanno nuove agitazioni operaie.

La borghesia e gli industriali appoggiano l'azione fascista.

Le «squadre» di camicie nere iniziano a usare metodi violenti.

1921 Congresso socialista a Livorno che si conclude con la scissione e conseguente fondazione del Partito Comunista Italiano (Amedeo Bordiga e Antonio Gramsci).

Organizzazione a Roma del Partito Nazionale Fascista.

1922 Marcia su Roma: Vittorio Emanuele III affida il governo a Mussolini.

1923

1924 Muore Lenin e in URSS sale al potere Stalin.

Il Blocco Nazionale comprendente i fascisti vince le elezioni con il 64,9% dei voti.

Assassinio di Giacomo Matteotti.

1925 1925-26 – Serie di leggi che sanzioneranno l'abolizione delle libertà politiche e l'affermazione del regime fascista.

La vita e le opere di Ada Negri	La vita letteraria e artistica
L'editore Mondadori, che aveva assorbito la casa editrice Treves, pubblica il romanzo autobiografico *Stella mattutina*. La figlia, Bianca Garlanda, si sposa con Tonino Scalfi.	Viene rappresentata la commedia di L. Pirandello *Sei personaggi in cerca d'autore*. U. Saba, *Il Canzoniere*.
	Muore G. Verga. P. Gobetti fonda la rivista «La rivoluzione liberale».
Viaggio in Sicilia e soggiorno a Capri. Esce la raccolta di prose *Finestre alte*.	Dopo venticinque anni Italo Svevo dà alle stampe il terzo romanzo, *La coscienza di Zeno*.
Ada Negri si trasferisce in via dei Mille con la fedele governante Maria. Esce la raccolta *Canti dell'isola*.	
	A Roma viene fondata da Umberto Fracchia «La fiera letteraria». Esce *Ossi di seppia* di Eugenio Montale. Gentile e altri sottoscrivono il *Manifesto degli intellettuali fascisti*. «Il Mondo» di Giovanni Amendola pubblica il manifesto degli intellettuali italiani contro il fascismo. Croce ne è il redattore.

La vita politica e sociale

1926

1927

1928 Gli esuli italiani in Francia costituiscono la Concentrazione di azione antifascista.

1929 Firma dei Patti Lateranensi fra lo Stato italiano e la Chiesa.

Un incredibile crollo della borsa e delle banche avvia una terribile crisi economica che dagli Stati Uniti si trasmette immediatamente su tutta Europa.

1930

1931

1932

1933 Adolf Hitler diviene cancelliere del Reich con un grosso successo elettorale ottenuto dai nazisti favorito dai gruppi finanziari e dai grandi industriali.

La vita e le opere di Ada Negri	La vita letteraria e artistica
Raccolta di prose *Le strade*. Ultima comparsa ufficiale a Lodi in occasione della cerimonia di distribuzione dei premi agli alunni delle scuole medie.	Fondazione a Firenze della rivista «Solaria». G. Deledda ottiene il premio Nobel per la letteratura.
	Riccardo Bacchelli pubblica *Il diavolo al Pontelungo* sulle sommosse di Bologna del 1874 a opera degli interventisti bakuniani.
	Muore I. Svevo. B. Croce pubblica la *Storia d'Italia dal 1871 al 1915*.
Esce il volume di racconti *Sorelle*.	Esce la raccolta *Il sole a picco* di Vincenzo Cardarelli.
Esce la raccolta di poesie *Vespertina*.	*Gente in Aspromonte* di Corrado Alvaro. *Acque e terre* di Salvatore Quasimodo. *Fontamara* di Ignazio Silone.
Conferimento del «Premio Mussolini» in Campidoglio.	Carlo Emilio Gadda pubblica *La madonna dei filosofi*. Elio Vittorini, *Piccola borghesia*.
	Di Delio Tessa, Mondadori pubblica il libro di poesie in dialetto milanese *L'è el dì di mort, Alegher*.
Escono le prose *Di giorno in giorno*.	*Sentimento del tempo* di G. Ungaretti. *Il garofano rosso* di E. Vittorini esce su «Solaria».

	La vita politica e sociale
1934	
1935	Gli ebrei tedeschi sono privati dei diritti civili. Inizio della guerra in Etiopia (1935-1936).
1936	Conquista italiana dell'Etiopia. Guerra civile spagnola (1936-1939). Alleanza con la Germania (Asse Roma-Berlino).
1938	Annessione dell'Austria alla Germania attuata da Hitler. Conferenza di Monaco.
1939	Occupazione tedesca di Praga e annessione della Cecoslovacchia. Invasione italiana dell'Albania. Patto d'Acciaio italo-tedesco. Trattato di non aggressione russo-tedesco. L'ingresso delle truppe tedesche in Polonia (1° settembre) è la miccia che fa divampare tutte le precedenti controversie in una guerra che assumerà dimensioni planetarie. Gran Bretagna e Francia dichiarano guerra alla Germania.
1940	L'Italia entra in guerra a fianco degli alleati germanici. Capitolazione e armistizio della Francia. Inizio della battaglia d'Inghilterra. L'Italia aggredisce la Grecia.
1941	Invasione tedesca della Russia. Intervento degli Stati Uniti a fianco degli alleati europei (Francia e Inghilterra).

La vita e le opere di Ada Negri	La vita letteraria e artistica
	Il premio Nobel per la letteratura è conferito a L. Pirandello. *Le sorelle Materassi* di Aldo Palazzeschi.
	Mario Soldati, *America, primo amore.* Esce la prima raccolta poetica di Mario Luzi, *La barca.*
Pubblica la raccolta di poesie *Il dono.*	Muore L. Pirandello.
Conferimento di una medaglia d'oro da parte del ministro dell'Educazione.	Muore G. D'Annunzio. R. Bacchelli, *Il mulino del Po.*
Appare in volume *Erba sul sagrato*, una serie di brani in gran parte pubblicati dal 1931 al 1939 sul «Corriere della Sera».	E. Montale, *Le occasioni.* E. Cecchi, *America amara.*
Viene accolta, prima donna nella storia, nella Accademia d'Italia.	M. Luzi, *Avvento notturno.* Dino Buzzati pubblica il romanzo *Il deserto dei Tartari.*
	Viene sequestrata la prima edizione di *America*, antologia di E. Vittorini. Esce anche *Conversazione in Sicilia.* C. Pavese pubblica *Paesi tuoi.* G. Piovene, *Lettere di una novizia.*

La vita politica e sociale

1942	
1943	Arresto di Mussolini e armistizio italiano. I tedeschi liberano Mussolini e si costituisce la Repubblica Sociale. Resistenza partigiana.
1944	Sbarco degli alleati in Normandia.
1945	Fucilazione di Mussolini e liberazione dell'Italia settentrionale ancora soggetta all'occupazione tedesca. Fine della Seconda guerra mondiale.
1946	
1947	

La vita e le opere di Ada Negri	La vita letteraria e artistica
	S. Quasimodo pubblica *Ed è subito sera*. Vittorio Brancati, *Don Giovanni in Sicilia*.
La sua casa di via dei Mille viene devastata durante un bombardamento.	
Ada Negri muore nella notte tra il 10 e l'11 gennaio.	
Esce la raccolta di versi dal titolo *Fons amoris*.	
Mondadori pubblica la raccolta di prose *Oltre*, curata dalla figlia.	

NOTA BIBLIOGRAFICA

Per una conoscenza adeguata della bibliografia di e su Ada Negri si rimanda alla seconda edizione, riveduta e accresciuta anche con inediti, del volume *Ada Negri* di Mauro Pea, stampato nel 1970 da Mondadori ed edito a cura del Comitato per la celebrazione del centenario della nascita. Tra i tanti scritti in essa elencati segnaliamo:

C. Angelini, in *Carta, penna e calamaio*, Milano 1944.

R. Bazin, in *Saggi e traduzioni*, Parigi 1896.

E. Cecchi, in *Poesia italiana del Novecento*, in *Beltempo*, Roma 1940.

B. Croce, in *La letteratura della Nuova Italia*, Bari 1960.

F. Flora, in *Storia della letteratura italiana*, Milano 1947.

G.P. Lucini, in *Verso libero*, Milano 1908.

D. Mattalia, in *Contemporanei*, Milano 1963.

G. Mazzoni, in *L'Ottocento*, Milano 1913.

P. Mignosi, in *La poesia italiana di questo secolo*, Palermo 1929.

A. Momigliano, in *Storia della letteratura italiana*, Messina 1935.

U. Ojetti, in *Cose viste*, Firenze 1960.

P. Pancrazi, in *Scrittori italiani del Novecento*, Bari 1934.

Id., in *Scrittori italiani dal Carducci al D'Annunzio*, Bari 1937.

N. Podenzani, *Il libro di Ada Negri*, Milano 1969.

G. Prezzolini, in *La cultura italiana*, Milano 1930.

L. Russo in *I narratori*, Messina 1951.

V. Schilirò, *L'itinerario spirituale di Ada Negri*, Catania 1948.

R. Serra, in *Le lettere*, Roma 1914.

M. Sticco, in *Arte e sincerità*, Milano 1940.

Tra gli altri, si sono occupati di Ada Negri in articoli e recensioni: G. Bellonci, C. Betocchi, F. Binaghi, S. Bisi Albini, A.G. Borgese, A. Capasso, L. Cremascoli, L. Fallacara, E. Falqui, A. Frattini, A. Gargiulo, C. Linati, F.T. Marinetti, P. Nardi, E. Nencioni, G. Piovene, Pio Rajna, E. Romagnoli, G. Vigorelli.

Prezioso, specie per la parte di ricostruzione biografica a cui son debitore, è il volume di *Opere scelte* recentemente stampato in Lodi sotto la cura di Coletto e Cazzolani.

Ricco di notizie anche il carteggio, stampato a cura di Mauro Pea, tra la poetessa e Federico Binaghi.

I testi qui raccolti si riferiscono all'edizione Mondadori del 1956 delle *Opere*.

SOMMARIO

5 Avvertimento

Da *Fatalità* 1892

9 Sfida
11 Afa
13 Tu vuoi saper?...
14 Hai lavorato?
16 Deforme

Da *Tempeste* 1895

21 I sacrifici
24 Un anno dopo
25 Non tornare

Da *Maternità* 1904

29 Germina
31 Il saluto fraterno

Da *Esilio* 1914

35 Comprendere
36 A colui che non è venuto
38 III «Libera me da me»

Da *Il libro di Mara* 1919

41 Il muro

Da *Vespertina* 1930

45 Deserto
47 Luna sulla città
49 Rami di pesco
50 I candelabri
51 Chitarra di notte
52 Il figlio che non nacque
53 Ama l'opera tua
54 Pensiero d'autunno

Da *Il dono* 1935

57 Il dono
58 Rimorso
59 Domanda senza risposta
61 Fine
62 Occhi
63 Ombre d'ali
64 Pioggia d'autunno
66 Vetta nel sole
67 Parole a mia figlia
69 Preghiera per la morte
70 Atto d'amore

Da *Fons Amoris* 1939-1943

75 Tempo
76 Herba tenax
77 Ad un nemico
78 Mia giovinezza
79 La tua voce
80 Tu mi cammini a fianco
81 La verità

Da *Appendice*

85 Vita ch'io vissi

87 *La sorpresa nell'accostarsi* di Davide Rondoni

102 Cronologia

127 Nota bibliografica

LA BIBLIOTECA DELLO SPIRITO CRISTIANO

AA.VV.
UN "IO" PER LO SVILUPPO
A cura della Fondazione per la Sussidiarietà

Luigi Amicone
SULLE TRACCE DI CRISTO
Viaggio in Terrasanta con Luigi Giussani

Hannah Arendt
IL PENSIERO SECONDO
Pagine scelte

Marco Bardazzi
SOTTO IL CIELO D'AMERICA
L'avventura di un nuovo inizio

Robert H. Benson
CON QUALE AUTORITÀ?

Marco Bersanelli, Mario Gargantini
SOLO LO STUPORE CONOSCE
L'avventura della ricerca scientifica

Carlo Betocchi
DAL DEFINITIVO ISTANTE
Poesie scelte e inediti

Marco Bona Castellotti
IL PARADOSSO DI CARAVAGGIO

Paul Bourget
IL SENSO DELLA MORTE

Miguel de Cervantes
IL FANTASTICO HIDALGO DON CHISCIOTTE DELLA MANCIA

Gilbert Cesbron
È MEZZANOTTE DOTTOR SCHWEITZER

CANI PERDUTI SENZA COLLARE

Gilbert Keith Chesterton
IL PUGNALE ALATO E ALTRI RACCONTI

L. Cioni, G. Regoliosi Morani
(a cura di)
IL POEMA DEL DESTINO
Virgilio, Eneide

Paul Claudel
L'ANNUNCIO A MARIA

Eugenio Corti
I PIÙ NON RITORNANO

Henry Daniel-Rops
MORTE, DOV'È LA TUA VITTORIA?

Dante
INFERNO

PURGATORIO

PARADISO

Christopher Dawson
IL CRISTIANESIMO E LA FORMAZIONE DELLA CIVILTÀ OCCIDENTALE

Louis de Wohl
L'ULTIMO CROCIATO
Il ragazzo che vinse a Lepanto

LA LIBERAZIONE DEL GIGANTE

L'ALBERO DELLA VITA

LA BIBLIOTECA DELLO SPIRITO CRISTIANO

Fëdor M. Dostoevskij
I FRATELLI KARAMAZOV

L'IDIOTA

Thomas Stearns Eliot
CORI DA «LA ROCCA»

LA SORELLA VELATA
Poesie scelte

ASSASSINIO NELLA CATTEDRALE

José Miguel García
LA VITA DI GESÙ NEL TESTO ARAMAICO DEI VANGELI

Angelo Gatti
ILIA ED ALBERTO

Luigi Giussani
L'AVVENIMENTO CRISTIANO

IL SENSO DI DIO E L'UOMO MODERNO

SI PUÒ VIVERE COSÌ?

IL TEMPO E IL TEMPIO

LE MIE LETTURE

SI PUÒ (VERAMENTE?!) VIVERE COSÌ?

«*QUASI* TISCHREDEN»
«TU» (O DELL'AMICIZIA)

«*QUASI* TISCHREDEN»
VIVENDO NELLA CARNE

«*QUASI* TISCHREDEN»
L'ATTRATTIVA GESÙ

«*QUASI* TISCHREDEN»
L'AUTOCOSCIENZA DEL COSMO

«*QUASI* TISCHREDEN»
AFFEZIONE E DIMORA

«*QUASI* TISCHREDEN»
DAL TEMPERAMENTO UN METODO

«*QUASI* TISCHREDEN»
UNA PRESENZA CHE CAMBIA

«L'EQUIPE»
DALL'UTOPIA ALLA PRESENZA
(1975-1978)

«L'EQUIPE»
CERTI DI ALCUNE GRANDI COSE
(1979-1981)

«L'EQUIPE»
UOMINI SENZA PATRIA
(1982-1983)

Henrik Ibsen
BRAND

Franz Kafka
LA META E LA VIA
Racconti scelti

Gertrud von Le Fort
L'ULTIMA AL PATIBOLO

Giacomo Leopardi
CARA BELTÀ...
Poesie

LA BIBLIOTECA DELLO SPIRITO CRISTIANO

C.S. Lewis
PRIMA CHE FACCIA NOTTE
Racconti e scritti inediti

Didimo Mantiero
IL VOLTO PIÙ VERO
Diari

Alessandro Manzoni
I PROMESSI SPOSI

Maxence van der Meersch
CORPI E ANIME

Vittorio Messori
IL BEATO FAÀ DI BRUNO
Un cristiano in un mondo ostile

Emmanuel Mounier
LETTERE SUL DOLORE
Uno sguardo sul mistero della sofferenza

Ada Negri
MIA GIOVINEZZA
Poesie

Flannery O'Connor
LA SCHIENA DI PARKER
Scritti e racconti

Charles Péguy
LUI È QUI
Pagine scelte

Antonio Rodari
LA CAMOMILLA HA SCONFITTO IL MALE
Una testimonianza

Davide Rondoni (a cura di)
COME PARLA IL MONDO!
Una scelta di racconti italiani

Davide Rondoni
QUATTRO GIORNI, QUARANT'ANNI
con padre Bepi in Sierra Leone

Antonio Rosmini
DELLE CINQUE PIAGHE DELLA SANTA CHIESA

Carlo Rusconi
L'ANNO DI GRAZIA DEL SIGNORE
Giubileo e vie dei pellegrini

Giovanni Testori
LA MAESTÀ DELLA VITA E ALTRI SCRITTI

CONVERSAZIONE CON LA MORTE · INTERROGATORIO A MARIA · FACTUM EST

Sigrid Undset
KRISTIN FIGLIA DI LAVRANS

Evelyn Waugh
ELENA
La madre dell'Imperatore

Stefano Zurlo
L'ARDIMENTO
Racconto della vita di don Carlo Gnocchi

Stefan Zweig
MAGELLANO

LA BIBLIOTECA DELLO SPIRITO CRISTIANO

ULTIMI VOLUMI PUBBLICATI

Augusto Del Noce
VERITÀ E RAGIONE NELLA STORIA
Antologia di scritti

Luigi Giussani
«L'EQUIPE»
QUI E ORA
(1984-1985)

L. Cioni, G. Regoliosi Morani, P. Tamburini (a cura di)
IL POEMA DEGLI UOMINI
E DEGLI DÈI
Omero, Iliade

Louis de Wohl
LA MIA NATURA È IL FUOCO
Vita di Caterina da Siena

Gerard Manley Hopkins
LA FRESCHEZZA PIÙ CARA
Poesie scelte

Luigi Giussani
«L'EQUIPE»
L'IO RINASCE IN UN INCONTRO
(1986-1987)

Gianfranco Lauretano
LA TRACCIA DI CESARE PAVESE

Giovanna Parravicini
LIBERI
Storie e testimonianze
dalla Russia

Giovanni B. Montini
Luigi Giussani
SUL SENSO RELIGIOSO

José Miguel Garcia
IL PROTAGONISTA DELLA STORIA
Nascita e natura
del cristianesimo

Finito di stampare nel giugno 2010 presso
Grafica Veneta - via Malcanton, 2 - Trebaseleghe (PD)
Printed in Italy

RCS Libri

ISBN 978-88-17-11125-6